Heiner Mählck

Rüstzeitreduzierung zur Verbesserung der Wettbewerbsfähigkeit

Heiner Mählck

Rüstzeitreduzierung zur Verbesserung der Wettbewerbsfähigkeit

Schriftenreihe
Produktivität steigern in
mittelständischen Unternehmen
Band 2

© 2001 Alle Rechte vorbehalten

RKW-Verlag

Düsseldorfer Straße 40
65760 Eschborn

RKW-Nr. 1420
ISBN 3-89644-167-1

Layout:RKW, Eschborn
Druck: Druck Partner Rübelmann, Hemsbach

Inhaltsverzeichnis

		Seite
1	Ausgangssituation und Grundlagen des Rüstens	7
2	Einführung zur Rüstzeitreduzierung in der Produktion	11
2.1	Die Dauer traditionell durchgeführter Rüstvorgänge	12
2.2	Konzepte/Schwerpunkte zum beschleunigten Rüsten	12
2.3	Schwerpunktaussagen zur Rüstzeitreduzierung	13
3	Die schematische Beschreibung einer Produktion	14
4	Die konzeptionellen Schritte auf dem Weg drastischer Rüstzeitreduzierungen	17
5	Projektarbeit Rüstzeitreduzierung im Unternehmen	19
6	Tipps zur Einführung von Rüstzeitreduzierungsprozessen	20
7	Die Erfolge umgesetzter Rüstzeitreduzierungsprozesse setzen ein neues Denken im Unternehmen in Gang	23
8	Die Auswirkungen durchgeführter Rüstzeitreduzierungsprozesse	24
9	Methoden und Techniken zur Rüstzeitreduzierung	26
9.1	Gründen eines Pilotteams	26
9.2	Vorgehensweise zur praxisgerechten Rüstzeitreduzierung in 6 Schritten	27
10	Die Rüstzeitreduzierung im Dienstleistungsbereich	44
11	Checklisten auf dem Weg zu reduzierten Rüstvorgängen in der Produktion und im Dienstleistungsbereich	46
11.1	Checkliste zur Rüstzeitreduzierung in der Produktion	46
11.2	Checkliste zur Rüstzeitreduzierung im Dienstleistungsbereich	48
	Literaturverzeichnis	50

1 Ausgangssituation und Grundlagen des Rüstens

Die Herausforderung moderner Produktions- und Dienstleistungsunternehmen besteht darin, die Anforderungen des Kunden zu erfüllen. Der Kunde erwartet von seinen Lieferanten, die Verfügbarkeit des von ihm bestellten Erzeugnisses oder der angefragten Dienstleistung zum richtigen Zeitpunkt in der richtigen Qualität, am richtigen Ort und in der richtigen Menge sicherzustellen. Die Verwirklichung dieses Just in Time-Prinzips erfordert für die betriebliche Organisation des jeweiligen Unternehmens die Bereitstellung des richtigen Materials, des richtigen Personals, der richtigen Information und des richtigen Betriebsmittels jeweils zum richtigen Zeitpunkt, in der richtigen Qualität, am richtigen Ort und in der richtigen Menge. Die notwendigen Voraussetzungen zur Umsetzung dieser betrieblichen organisatorischen Zielsetzungen bilden kompetente Mitarbeiterinnen und Mitarbeiter, eine sichere Koordination aller zugehörigen Vorgänge im Auftragsbearbeitungsprozess, eine durchgängige Kommunikation zwischen kompetenten Beteiligten sowie eine funktions- und bereichsübergreifende Kooperation: Also eine ganzheitlich ausgerichtete Flexibilität.

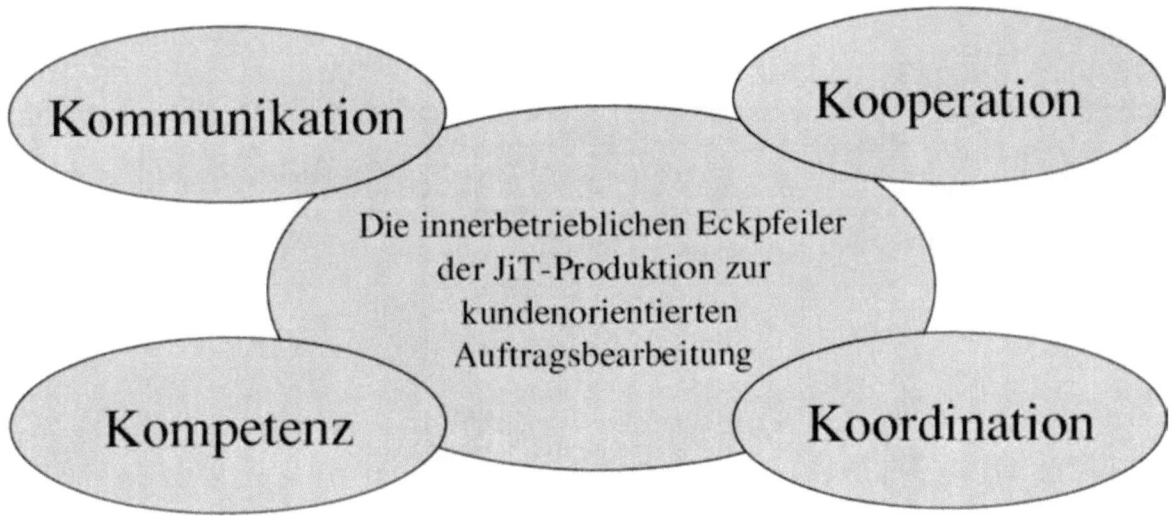

Bild 1.1: Die ganzheitlich ausgerichteten innerbetrieblichen Anforderungen als Eckpfeiler für eine gelebte JiT-Produktion zur kundenorientierten Auftragsbearbeitung

Im Zusammenhang mit der Realisierung dieses JiT-Prinzips (Bild 1.2) unterstützen kurze Rüstzeiten, die im Rahmen von Rüstzeitreduzierungsprozessen zu erarbeiten sind, die Flexibilität in der betrieblichen Organisation hinsichtlich der Erfüllung der Kundenanforderungen. Es muss das Ziel jedes Produktions- und jedes Dienstleistungsunternehmens sein, die Losgröße 1 wirtschaftlich herstellen zu können.
Da es sich bei den Rüstzeiten um Zeiten handelt, die nicht wertschöpfend zum Produktions- bzw. Dienstleistungsprozess beitragen, sind sie zu minimieren bzw. zu eliminieren (vgl. Bild 1.3).

Mit Bezug zur Durchführung eines Produktionsauftrages umfasst die Rüstzeit alle einmaligen Vorbereitungsarbeiten, wie Aufbau von speziellen Vorrichtungen und Werkzeugen, Grundeinstellung der Maschine nach Arbeitsablauf, Versetzen der Maschine in den Zustand vor Beginn der Arbeit, usw. Besondere Bedeutung kommt bei der Eigenfertigung den Rüstkosten zu, die sich aus den Lohnkosten für den Einrichter oder Maschinenbediener, den Kosten für die Belegung des Arbeitsplatzes während des Rüstens sowie den Kosten für Probe- oder Anlaufteile zusammensetzen. Da ein Werkstück meist in mehreren Arbeitsvorgängen an verschiedenen Arbeitsplätzen produziert wird, setzt sich die Summe der Rüstkosten aus den Einzelrüstkosten pro Arbeitsplatz zusammen. Bei der Bearbeitung von Dienstleistungstätigkeiten bedeutet das Rüsten z. B. das Wechseln von Dateien, Computerprogrammen oder Arbeitsverfahren mit der dazugehörigen Bereitstellung der jeweiligen notwendigen Informationen am Arbeitsplatz.

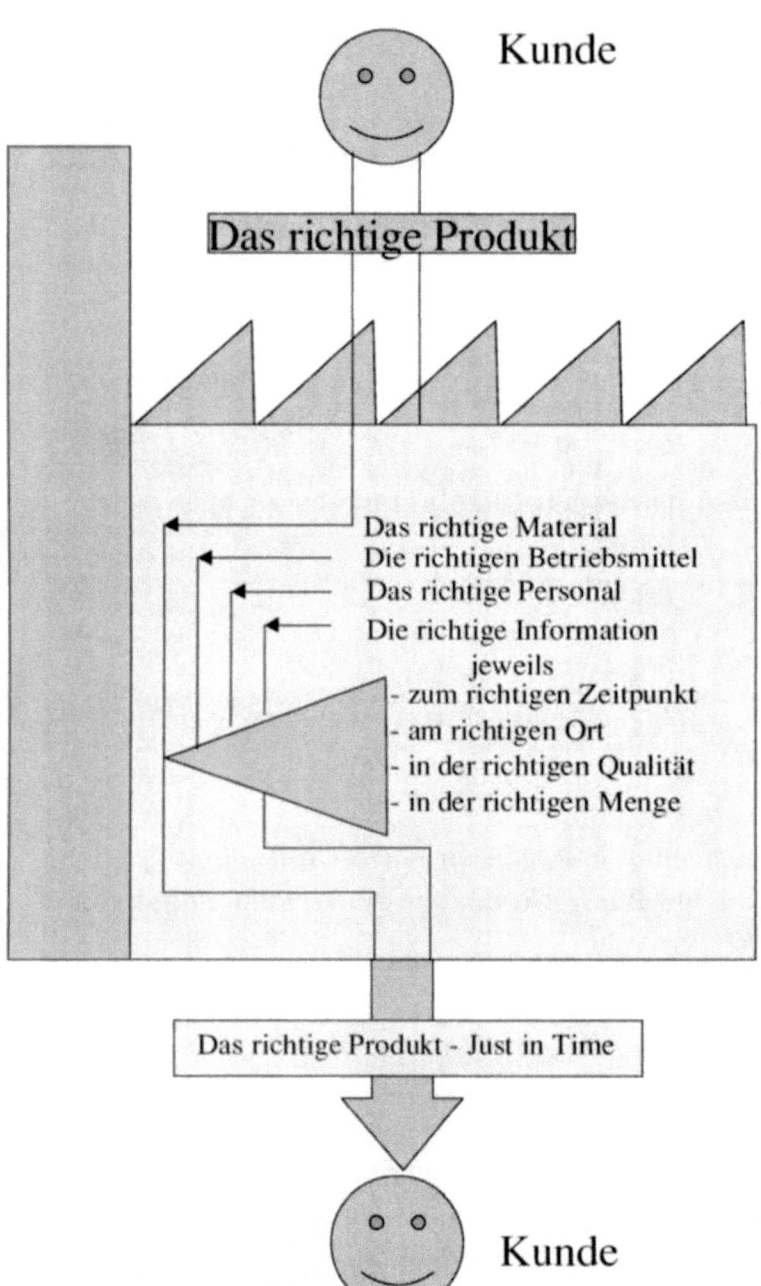

Bild 1.2: Die Umsetzung des JiT-Prinzips im Unternehmen

	bezogen auf manuelle Tätigkeiten	bezogen auf maschinelle Abläufe
„wertschöpfend"	Wert des Produktes erhöhende Tätigkeiten (Löten, Schweissen, Lackieren, Montieren, etc.) sowie unmittelbar vor- und nachgeschaltete Handhabungen	Betriebsmittel-Laufzeit zur Produktion von „i.O.-Teilen" (Nutzungsgrad)
„nicht wertschöpfend"	Derzeit noch erforderliche Tätigkeiten, jedoch nicht werterhöhend für das Produkt (Laufwege, Transporte, Qualitätssicherung, Lesen von Arbeitsanweisungen, etc.)	Derzeit noch erforderliche planbare Betriebsmittel-Stillstandszeiten zur Vorbereitung bzw. Wiederherstellung der Bereitschaft des Betriebsmittels (Werkzeugwechsel, Umrüsten, Einstell-/Nachstellarbeiten, vorbeugende Instandhaltung, etc.)
„Verschwendung"	Überflüssige Tätigkeiten, Prozesse, Abläufe, Zeiten, Materialien (Wartezeiten, Ausgleichszeiten, Störzeiten, nicht notwendige Bewegungen, nicht optimal geplante Abläufe, Ausschuss und Nacharbeit, überflüssige Transporte, erhöhter Umlauf, etc.)	Vermeidbare Betriebsmittel-Stillstandszeiten und Kosten (Störungen, Reparaturen, unsichere Prozesse, nicht optimal geplante Prozesse, Ausschuss und Nacharbeit, erhöhter Umlauf, etc.)

Bild 1.3: Begriffsbestimmung „wertschöpfend" - „nicht wertschöpfend" - „Verschwendung" für manuelle Tätigkeiten und maschinelle Abläufe /4/

Die konsequente Anwendung des Just in Time-Prinzips auf die Durchführung von Rüstarbeiten in Verbindung mit der wirtschaftlichen Produktion kleiner Losgrößen bzw. der kundengerechten Abwicklung von Dienstleistungsaufgaben beinhaltet die Bereitstellung des zu rüstenden Werkzeuges bzw. der notwendigen Materialien und Informationen für die Durchführung einer neuen Dienstleistungstätigkeit

- zum richtigen Ort
- zum richtigen Zeitpunkt
- in der richtigen Qualität
- in der richtigen Menge

mit dem Ziel, Rüstzeiten zu reduzieren, um damit Rüstkosten einzusparen und eine verbesserte Gesamtanlageneffektivität bzw. Hauptnutzungszeit des Betriebsmittels zu erreichen (Bild 1.4).

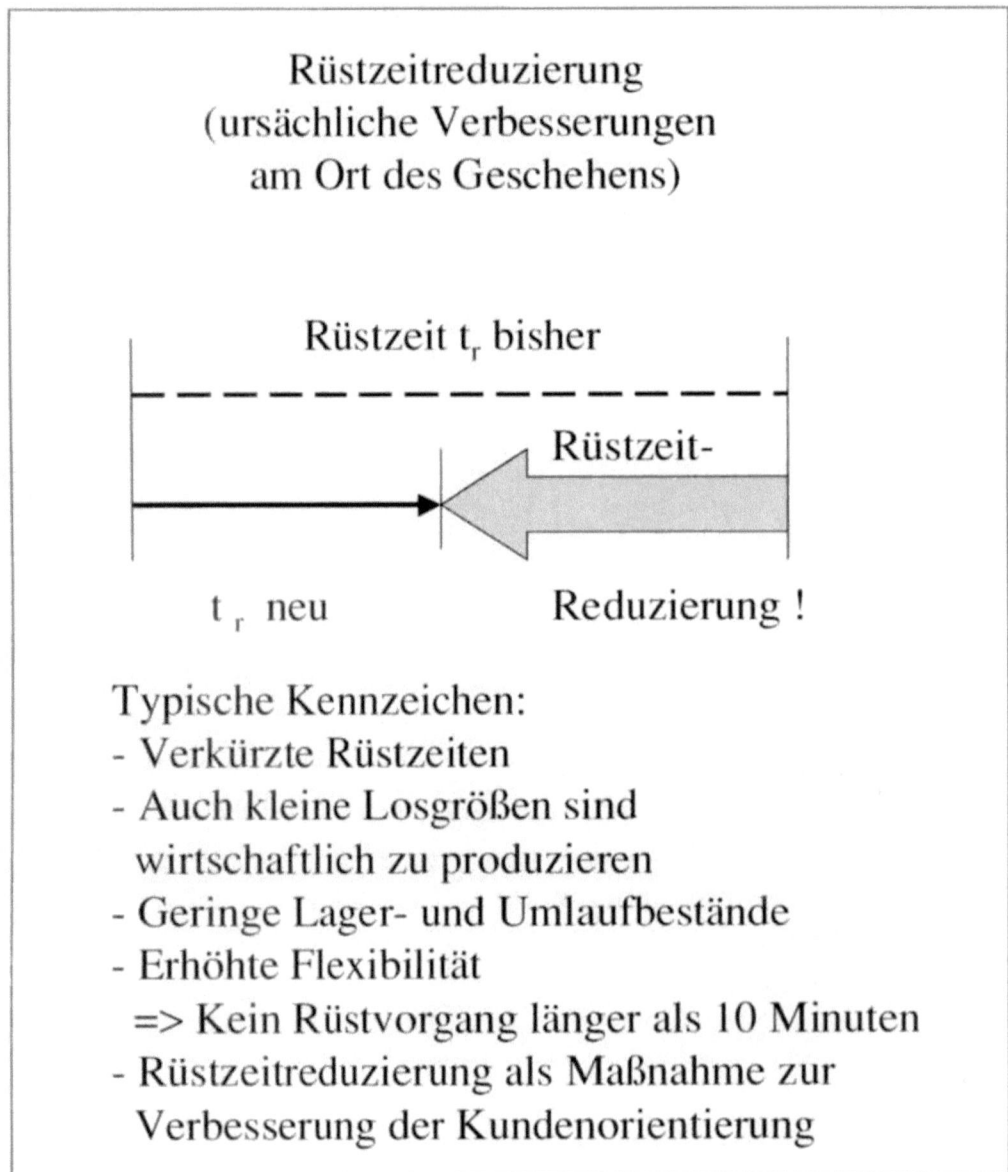

Bild 1.4: Rüstzeitreduzierung

2 Einführung zur Rüstzeitreduzierung in der Produktion

Die Rüstzeit ist die Zeit, die von der Fertigstellung des letzten Teiles einer laufenden Produktion (Fertigungslos) bis zur anforderungsgerechten Herstellung des ersten Teiles der neuen Produktion (neues Fertigungslos eines anderen Teiles) vergeht. In herkömmlich organisierten Produktionsbetrieben werden diese Rüstzeiten als fest eingeplante und unbedingt notwendige Zeiten innerhalb der Produktion betrachtet. Die Rüstzeiten sind gewöhnlich lang. Deshalb wird versucht, die durch lange Rüstvorgänge verursachten Kosten über hohe Losgrößen und die daraus resultierenden langen Produktionsdurchlaufzeiten wieder auszugleichen.

Auf der anderen Seite bewirken hohe Losgrößen:

- Hohe Umlaufbestände und damit eine Vielzahl von Verschwendungen.
- Eine lange Reaktionszeit zwischen dem Auftreten eines Produktfehlers und seiner Entdeckung: Fehler am Produkt werden gewöhnlich erst beim nächsten Arbeitsgang oder im nachfolgenden Prozess erkannt und nicht direkt am Ort der Entstehung. Das beeinträchtigt in der Regel die gesamte produzierte Menge an Erzeugnissen und resultiert in einer hohen Ausschussrate oder Nacharbeitsquote.
- Das Sammeln von Kundenaufträgen, um zu der notwendigen wirtschaftlichen Losgröße zu gelangen. Nach der Produktion müssen diese zusammengefassten Aufträge entsprechend den Kundenzuordnungen wieder getrennt werden.
- Lange Durchlauf- bzw. Lieferzeiten
- Wenig Flexibilität gegenüber Kundenanforderungen.

Es ist in der Tat möglich, die Rüstzeiten drastisch auf einen Wert zu senken, der kleiner als 1/60 der ursprünglichen Rüstzeit ist. Sogar an großen Maschinen und Anlagen, wie z. B. Pressen, ist das zu verwirklichen. Eine Rüstzeit, die sechs Stunden dauert, kann auf weniger als sechs Minuten reduziert werden.

Eine Vorgehensweise, die diese Reduzierung möglich macht, bezeichnet man als „Werkzeugwechsel in einer Minute" (SMED: Single Minute Exchange of Die /1/). Mit dieser Rüsttechnik wird eine Betriebsbereitschaft der Maschine bzw. Anlage nach Beginn des Rüstvorgangs in weniger als 10 Minuten erreicht.

Eine derartige neue Zielorientierung führt zu kleineren Losgrößen, die Folgendes bewirken:

- Niedrige Umlaufbestände mit einem daraus resultierenden geringen Platzbedarf in der Produktion.
- Fehler am Produkt werden schneller entdeckt, wodurch die Ausschussrate und der Anteil an Nacharbeit herabgesetzt werden.

- Eine erhöhte Produktionsflexibilität, d.h. dass der Ausstoß aus dem Betrieb den Anforderungen der Kunden bzw. des Marktes direkt folgen kann. Das wiederum reduziert das unternehmerische Risiko zum Aufbau von hohen Fertigwarenbeständen, die der Markt letztendlich nicht benötigt.
- Kürzere Durchlaufzeiten.

=> Wenn die Rüstzeit „Null" ist, ist jede Losgröße wirtschaftlich!

2.1 Die Dauer traditionell durchgeführter Rüstvorgänge

Ein Überblick über typische Abläufe von Rüstvorgängen in herkömmlichen Produktionsbetrieben offenbart, dass

- viel Zeit dadurch verschwendet wird, dass nach Werkzeugen, Vorrichtungen und Ausrüstungen gesucht wird und dass eine Vorbereitung des Rüstens erst dann erfolgt, wenn die Maschine bereits abgestellt wurde,
- sich einige der Werkzeuge und Vorrichtungen in einem so schlechten Zustand befinden, dass sie entweder nur durch Improvisation der Einrichter einbaufähig gemacht werden, oder letztlich ihre Funktionsuntüchtigkeit festgestellt wird und deshalb ein Reparaturauftrag erfolgt,
- keine standardisierten Rüstabläufe existieren, so dass gleiche Rüstvorgänge jedesmal in einer anderen Vorgehensweise durchgeführt werden,
- ein hoher Zeitanteil für Messungen und Anpassungen verschwendet wird,
- das Rohmaterial für den Produktionsprozess nicht bereitgestellt ist,
- am Ende des Rüstvorganges beim Testlauf der Maschine für die neue Produktion fehlerhafte Produkte erzeugt werden, während an der laufenden Maschine noch Feinabstimmungen vorgenommen werden.

2.2 Konzepte/Schwerpunkte zum beschleunigten Rüsten

- Die gesamte Rüstzeit ist die Summe aus internen und externen Rüstzeiten bzw. Rüstvorgängen. Die interne Rüstzeit bezieht sich auf die Zeit, die nach dem Produktionsstop zur Durchführung der Rüstaufgaben an der Maschine bzw. Anlage bis zu deren Wiederanlauf erforderlich ist.
- Die externe Rüstzeit bezieht sich auf die Zeit, die für Rüstaktivitäten während des laufenden Produktionsprozesses genutzt werden kann. Diese Aktivitäten dienen der Vorbereitung zum eigentlichen internen Rüsten.
- Ziel ist es, die internen und externen Rüstaufgaben zu identifizieren und zu trennen. Dabei sind die externen Rüstaufgaben als außerhalb des laufenden Produktionsprozesses auszuführende Aktivitäten zu benennen.
- Die internen und externen Rüstzeiten und -vorgänge sind zeitlich zu minimieren bzw. ganz zu eliminieren.

Nach Einarbeitung in eine praxis- und umsetzungsorientierte Darstellung zur Rüstzeitreduzierung sind folgende Aufgaben und Herausforderungen zu bearbeiten:

- Die Bedeutung des beschleunigten Rüstens zur Erreichung kleiner Losgrößen in einer Produktion mit großer Variantenvielfalt muss verstanden werden und ist praxisgerecht anzuwenden,
- die Unterschiede interner und externer Rüstaktivitäten werden bestimmt und eindeutig festgelegt,
- ein Formblatt für die Dokumentation der operativen Verbesserungen zum beschleunigten Rüsten wird entwickelt bzw. angewandt,
- die unterschiedlichen Techniken und Methoden für „das optimierte Rüsten" werden verstanden,
- die Mitarbeiter werden in der Handhabung und Anwendung zu den Techniken des optimierten Rüstens trainiert.

2.3 Schwerpunktaussagen zur Rüstzeitreduzierung

- Erkenne, dass Rüstzeit keine direkt wertschöpfende Zeit ist.
- Trenne interne von extern durchzuführenden Rüstvorgängen.
- Eliminiere und minimiere die Durchführung interner und externer Rüstvorgänge.
- Vermeide zeitaufwendige Befestigungselemente und individuelle Feinjustierungen.
- Standardisiere Werkzeuge, Vorrichtungen und sonstige Rüsthilfsmittel.
- Mache das Rüsten auch für geringer qualifizierte Mitarbeiterinnen und Mitarbeiter möglich.

3 Die schematische Beschreibung einer Produktion

Produktionsabläufe können am besten verstanden werden als ein Netzwerk von Prozessen und Vorgängen. Ein Prozess ist ein kontinuierlicher Fluss, bei dem Rohmaterial umgewandelt wird zu Enderzeugnissen. Innerhalb einer Wellenfertigung können zum Beispiel die folgenden Schritte beobachtet werden:

- Bereitstellen des Rohmaterials im Lager.
- Transportieren des Materials zur Maschine.
- Bereitstellen des Materials an der Maschine
- Produzieren des Fertigproduktes „Welle" auf der Maschine.
- Lagern des Fertigproduktes nahe der Maschine.
- Prüfen des Fertigproduktes.
- Bereitstellen des Fertigproduktes zum Versand an den Kunden.

Obgleich dieser Prozessfluss in einer realen Fabrik komplexer abläuft, bildet diese Darstellung im Wesentlichen den Produktionsprozess ab. Im Gegensatz dazu versteht man unter einem Vorgang jede Aktivität, die vom Menschen, von der Maschine oder von anderen Betriebsmitteln am Rohmaterial, am Halbfertig- oder am Fertigprodukt ausgeführt wird. Die Produktion besteht aus einem Netzwerk von Prozessen und Vorgängen mit einem oder mehreren Vorgängen innerhalb jedes Schrittes eines Prozesses.

Bei einer weitergehenden Betrachtungsweise wird deutlich, dass ein Produktionsprozess in vier verschiedene Phasen unterteilt werden kann:

(1) Bearbeitung:
Fertigung, Montage, Veränderung der Form bzw. der Gestalt des Materials

(2) Prüfung:
Vergleich zur Norm bzw. zum Standard

(3) Transport:
Wechsel des Ortes

(4) Lagerung, Wartezeit:
Eine Zeitperiode, in der keine Bearbeitung, keine Prüfung, kein Transport am Erzeugnis betrieben wird.

Die Lager-, Wartezeit kann in vier Kategorien unterschieden werden:

(a) Lagerung des Rohmaterials

(b) Lagerung des Fertigproduktes

(c) Warten auf die Durchführung eines Prozesses:
Die Bearbeitung eines Fertigungsloses muss warten, weil das vorhergehende Los noch nicht vollständig gefertigt wurde

(d) Warten auf ein Los:
Während das erste Stück innerhalb eines Loses gefertigt wird, müssen die verbleibenden Teile auf ihre Bearbeitung warten

Die innere Struktur eines Vorganges kann wie folgt analysiert werden:

Vorbereitung: Die Vorgänge werden jeweils vor und nach jedem gefertigten Los ausgeführt und sind Bestandteil des Rüstprozesses

Prinzipielle Vorgänge: Jeweils bezogen auf jedes Erzeugnis, diese Vorgänge können drei Kategorien zugeordnet werden:

1. Grundsätzlicher Vorgang: die aktuelle Bearbeitung des Materials

2. Hilfsvorgänge zur Unterstützung: zusätzlicher An- oder Abbau von Werkstücken oder Hilfsmitteln

3. Vorsehen von Toleranzen: Bei irregulär auftretenden Vorgängen, wie z.B. Maschinenausfällen, Ermüdungen, materialbedingten Vorkehrungen, etc.

Jede Phase eines Produktionsprozesses - Bearbeitung, Prüfung, Transport, Lagerung - besitzt zugehörige Vorgänge. Dementsprechend gibt es zu den Bearbeitungs-, Prüfungs-, Transport- und Lagerungsphasen Vorgänge, die in vier Unterkategorien aufgeteilt werden können:

(1) Vorbereitungsvorgänge

(2) Bearbeitungsvorgänge

(3) Unterstützungsvorgänge

(4) Toleranzvorgänge

Dies bedeutet, dass zu jeder Phase eines Produktionsprozesses ein Vorbereitungsvorgang, d. h. ein Rüstvorgang gehört. Das Rüsten bezieht sich in diesem Sinne nicht nur auf die Vorbereitung der eigentlichen Bearbeitungsphase, sondern genauso auf die Vorbereitungsvorgänge der anderen 3 Phasen des Produktionsprozesses, Prüfung, Transport und Lagerung.

Die Vorbereitungsvorgänge, d. h. Rüstvorgänge innerhalb des Produktionsprozesses einer Wellenfertigung, die als externe Rüstarbeiten ausgeführt werden können, könnten demzufolge in den vier Phasen wie folgt beschrieben werden:

(1) Bearbeitung:
Vorbereiten der Rüstwerkzeuge für die Durchführung des Rüstvorganges

(2) Prüfung:
Vorbereiten eines Meßmittels zur Durchführung von Messungen beim Rüsten der Maschine

(3) Transport:
Vorbereiten des Transportmittels zur Beförderung der Welle zum nächsten Arbeitsplatz

(4) Lagerung:
Vorbereiten des geeigneten Ladungsträgers, z.B. eines Gestells, für die Einlagerung des Fertigproduktes.

Die hauptsächliche Betonung zum Thema „Rüstzeitreduzierung" bezieht sich auf die Vorbereitungsvorgänge der Produktionsprozessphase „Bearbeitung". Die wesentlichen Erkenntnisse aus diesen Darstellungen lassen sich genauso auf die anderen 3 Produktionsprozessphasen Prüfung, Transport und Lagerung übertragen.

4 Die konzeptionellen Schritte auf dem Weg drastischer Rüstzeitreduzierungen

In vielen Unternehmen, in denen Projekte zur Rüstzeitreduzierung noch nicht eingeführt sind, besteht keine klare Trennung zwischen internen und extern durchzuführenden Rüstarbeitsvorgängen. Vorbereitende Rüstarbeiten, die während des Maschinenlaufes ausgeführt werden könnten, werden erst beim Stillstand der Maschine, also bei der Bewältigung der internen Rüstarbeitsvorgänge abgewickelt. Dieses Verhalten resultiert in verlängerten Maschinenstillstandszeiten und damit in reduzierten Gesamtanlageneffektivitäten /5/.

Um Rüstzeitreduzierungsprozesse erfolgreich starten zu können, ist eine detaillierte Untersuchung der Zustände und Bedingungen in der operativen Ebene eine notwendige Voraussetzung. Eine derartige Untersuchung kann zum Beispiel mit dem Einsatz einer Videokamera erfolgen, mit der Rüstarbeiten aufgenommen und anschließend zur Analyse den Maschinenbedienern vorgeführt werden. Diese Methode ist deshalb so effektiv, weil die Werker eine hohe Akzeptanz und Identifikation mit ihrem eigenen Arbeitsprozess erlangen. Dabei schlagen sie oft spontan und praxisgerecht Ideen vor, die sie zu ihrer eigenen Arbeitserleichterung beim Rüsten umsetzen können. Diese oftmals sehr intensiven Beobachtungen und fruchtbringenden Diskussionen mit den betroffenen Beteiligten reichen aus, um ein Rüstzeitreduzierungsprojekt erfolgreich in der operativen Ebene einzuführen.

Stufe 1: Trenne interne von externen Rüstarbeiten.

Die wichtigste Erkenntnis bei der Durchführung von Rüstzeitreduzierungsprozessen ist die Trennung der internen von den externen Rüstarbeitsvorgängen. Jeder beteiligte Mitarbeiter wird zustimmen, dass die Vorbereitung von Werkzeugen, Hilfsmitteln, etc. für den Rüstvorgang nicht erst dann vorzunehmen ist, wenn die Maschine steht. Der Schlüssel für den Erfolg von Rüstzeitreduzierungsprozessen liegt darin, einen Großteil der Rüstzeiten in den Arbeitsbereich der Maschine zu verlagern, in den die Maschine noch für den vorhergehenden Auftrag Gutteile produziert.

Stufe 2: Überführe interne in externe Rüstarbeiten

Die Stufe 2 von Rüstzeitreduzierungsprozessen beinhaltet zwei wichtige Schritte:

1. Überprüfe nochmals alle Rüstarbeitsvorgänge, um zu erkennen, welche intern auszuführenden Aktivitäten ins externe Rüsten übertragen werden können.

2. Führe Verfahren ein und setze Methoden um, damit diese identifizierten Rüstarbeitsvorgänge praxisgerecht und prozesssicher in externe Arbeiten überführt werden können.

Als Beispiel könnten hierfür Werkzeugvorwärmungen angeführt werden, die vor der Einführung eines Projektes zur Rüstzeitreduzierung stets nach Beendigung des vorangegangenen Produktionsloses durchgeführt wurden.

Für die Abwicklung der Stufe 2 ist es immanent wichtig, neue Perspektiven, Ideen und Vorstellungen kreativen Rüstens zuzulassen, um traditionelle Vorgänge und eingespielte Verhaltensweisen zum Rüsten überwinden zu können. Dazu gehört z.B. auch die Vermeidung langandauernder Justier- und unnötiger Befestigungsvorgänge.

Stufe 3: Flussorientierte Gestaltung aller Vorgänge zum reibungsfreien Rüsten

Zur Umsetzung der Stufe 3 müssen alle Arbeitsvorgänge und Elemente des Rüstprozesses hinsichtlich Effizienz und Effektivität analysiert werden. Das Richtige beim internen und externen Rüsten richtig durchzuführen, steht im Mittelpunkt der flussgerechten Gestaltung. In diesem Zusammenhang können die Stufen 2 und 3 gleichzeitig und abgestimmt aufeinander umgesetzt werden: Aus den Ergebnissen der Stufe 2 erfolgt nach einer genauen Analyse aller Aspekte des Rüstens die praxisgerechte Implementierung der Maßnahmen für eine systematische messbare Rüstzeitreduzierung.

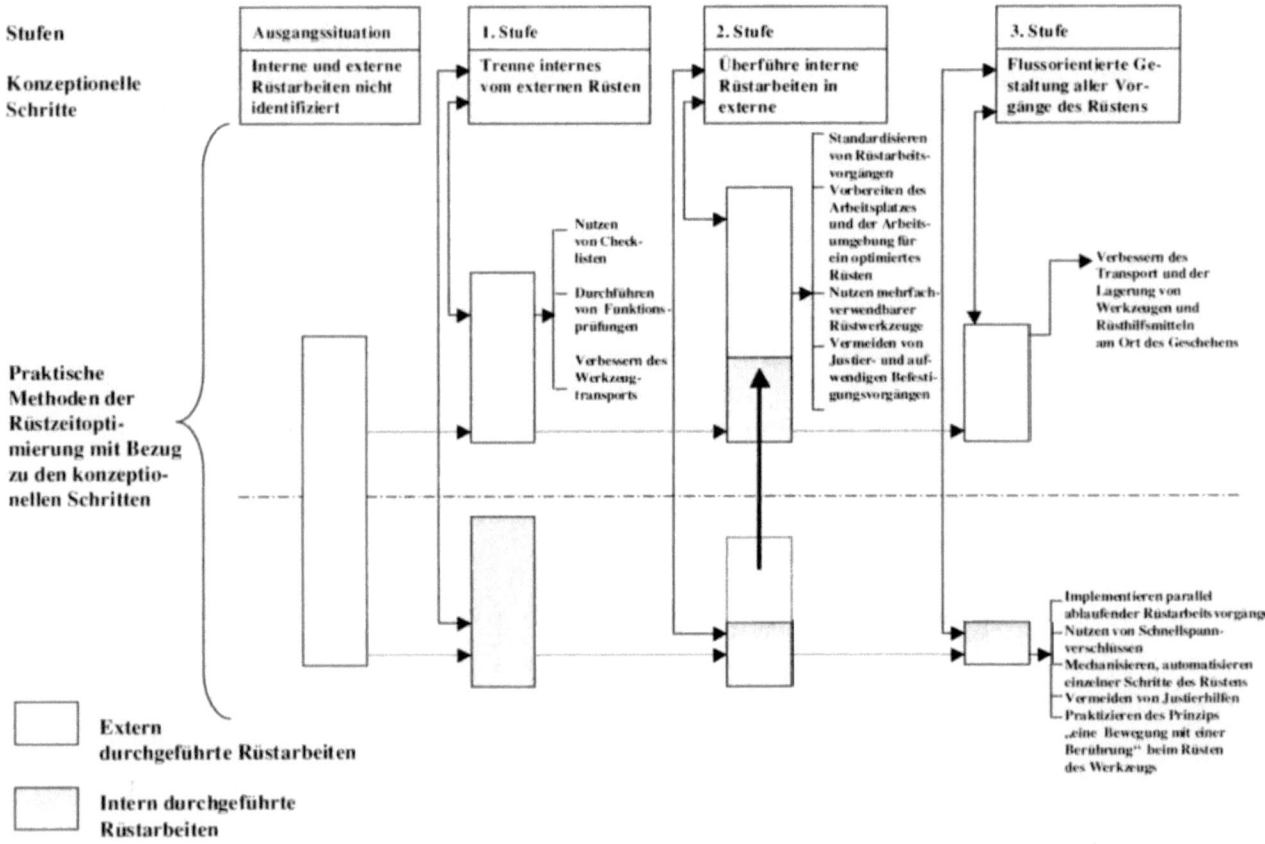

Bild 4.1: Konzeptionelle Schritte und praktische Methoden für eine Rüstzeitoptimierung /1/

5 Projektarbeit Rüstzeitreduzierung im Unternehmen

In traditionellen Rüstzeitabläufen werden interne und externe Rüstvorgänge nicht exakt auseinandergehalten. Dadurch, dass ein vorbereitendes externes Rüsten während der Produktion der Maschine nur selten stattfindet, werden lange Maschinenstillstandzeiten während der Durchführung der internen Rüstarbeiten in Kauf genommen. Im Zusammenhang mit der Implementierung eines Projektes zur Rüstzeitreduzierung sind sehr detaillierte Untersuchungen der Zustände in der operativen Ebene, bezogen auf die jeweiligen Vorbereitungsvorgänge der 4 Produktionsprozessphasen, durchzuführen.

Im Rahmen dieser Untersuchungen bietet es sich an, das Rüstzeitreduzierungsprojekt in Anlehnung an das folgende Praxisbeispiel zu planen und zu installieren sowie die Ergebnisse z.B. in einem 6-seitigen Faltblatt mit folgendem Inhalt zu veröffentlichen (Bild 5.1):

Seite 1

- Darstellung des Firmennamens: ABC mit Firmenlogo

- Herbeiführen von Assoziationen zur Motivation der Mitarbeiter: Formel 1 Denken und Handeln bei „ABC"

- Formulieren eines Projektnamens, wie z. B.: Reduzieren der Rüstzeiten an der Produktionslinie 1

Seite 2

Unser Motto:
- Im lukrativen Rennsport der Formel 1 entscheidet die Zeit in der Boxengasse oftmals über Gewinn oder Niederlage des Grand Prix Rennens. Ein Formel 1 Rennfahrer kann zwar der schnellste Fahrer auf der Rennstrecke sein, wenn sein Team in der Boxengasse bei Reifenwechsel und beim Auftanken nicht optimal und in hoher Qualität zusammenarbeitet, kann er das Rennen nicht gewinnen.

Unser Ziel:
- Unser Teamziel besteht darin, die Nettomaschinenlaufzeit unserer Produktionslinie 1 bei optimierten Rüstzeiten zu erhöhen, so dass je nach Auftrags- und Kundenanforderung mindestens „x" Rüstvorgänge pro Tag prozesssicher durchgeführt werden können.

Seite 3

Unsere Maßnahmen:
- Analysieren der jeweiligen Rüstabläufe für die vier Phasen des Produktionsprozesses der Produktionslinie 1
  - Bearbeitung
  - Prüfung
  - Transport
  - Lagerung

- Überführen interner Rüstarbeiten in externe

- Anwenden der Prinzipien „Erfolge durch Teamarbeit" in konsequenter Art und Weise

- Synchronisieren der Arbeiten der vier Produktionsprozessphasen an der Produktionslinie 1 in Anlehnung an die Prinzipien des Boxenstops der Formel 1

- Einrichten eines „Rüstcenters" für die Produktionslinie 1

Bild 5.1: Darstellung eines Prozesses zur Rüstzeitoptimierung im Rahmen einer Firmen-Informationsbroschüre

(Fortsetzung von Seite 19)

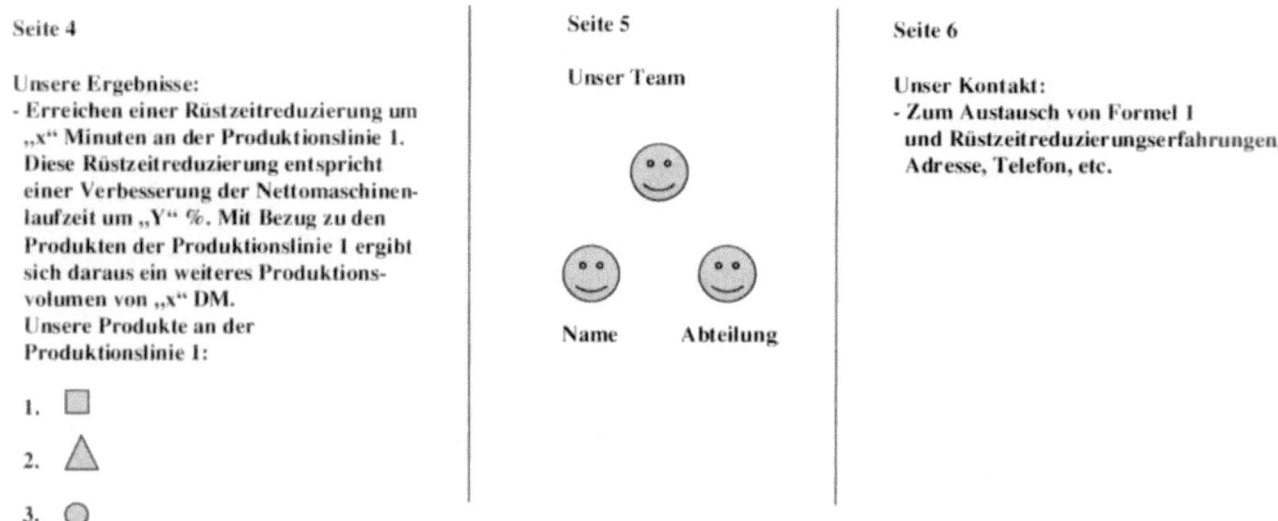

Bild 5.1: Darstellung eines Prozesses zur Rüstzeitoptimierung im Rahmen einer Firmen-Informationsbroschüre

6 Tipps zur Einführung von Rüstzeitreduzierungsprozessen

Zuerst ist es notwendig, die Mitarbeiter vom Nutzen einer Rüstzeitreduzierung zu überzeugen. In einigen Unternehmen wurde dazu die verbrauchsgesteuerte Disposition in der Fertigung und Montage mit dem Kanban-Prinzip eingeführt. Mit Hilfe der Anwendung dieses Werkzeuges, das auf der Grundlage der Informationen auf den Kanban-Karten einer Überproduktion von Erzeugnissen vorbeugt und den Informations- und Materialfluss direkt am Ort des Geschehens unterstützt, beeinflusst Kanban auch die Sensibilisierung der Mitarbeiter für eine systematische Produktionsweise. Dazu sind die Kanban-Kreisläufe so einzurichten, dass jeder Mitarbeiter sieht, wie dieses Prinzip, bezogen auf die Einteilung der Arbeitszeit für die zu produzierende Menge, wirksam funktioniert.

Als Ergebnis dieser vorbereitenden Aktivität für ein Rüstzeitreduzierungsprojekt soll jeder in die Lage versetzt werden, das Folgende zu verstehen:

- den Sinn einer langsam oder schnell abzuwickelnden Produktion
- die Bedeutung von Umlaufbeständen auch in Bezug zu ihrer Größe bzw. Anzahl
- das Timing für die Sicherstellung des Arbeitsfortschritts am Produkt
- den Zweck standardisierter Arbeitsverfahren
- die Disziplin in der Einhaltung vorgegebener Arbeitsschritte.

Die grundsätzlichen Voraussetzungen für den Start und für die Durchführung von Rüstzeitreduzierungsprojekten im Team lassen sich in einigen Punkten zusammenfassen:

- Wir sind davon überzeugt, dass drastische Rüstzeitreduzierungen in unserem Arbeitsbereich möglich sind.

- Wir wissen, dass Erfolge von Rüstzeitreduzierungen, z.B. an einer Produktionslinie, auch in anderen Produktionsbereichen zu wiederholen, d.h. zu multiplizieren sind.

- Wir haben gelernt, dass der Weg zum Erfolg systematisch, kontinuierlich und messbar sichergestellt werden muss, d.h. der Erfolg in kleinen guten Schritten zur Rüstzeitreduzierung erzielt wird.

- Wir wissen, dass der direkte Umgang mit dem zu produzierenden Erzeugnis eines der prinzipiellen Ziele von Rüstzeitreduzierungsprozessen ist und deshalb die Maschinenbediener aktiv einbezogen werden müssen.

- Wir haben die Erfahrungen gemacht, dass der Einsatz von Schrauben zur Befestigung der Werkzeuge beim Rüsten erhebliche Zeitverschwendungen verursachen. Schrauben sind, wenn möglich, durch Schnellspannverschlüsse zu ersetzen. Falls der Einsatz von Schraubverbindungen in Zusammenhang mit dem Rüstvorgang unumgänglich ist, sollte das Anziehen nicht mehr als eine Umdrehung umfassen.

- Wir wissen, dass die auszuführenden Schritte des Rüstens aufeinander abzustimmen sind und direkt miteinander verbunden sein müssen, um verschwenderische Transport- oder Suchvorgänge zu vermeiden.

- Wir suchen die Unterstützung unseres Kollegen, wenn Schritte des Rüstens parallel zueinander auszuführen sind, um damit die Durchlaufzeit des Rüstens zu verringern.

- Wir arbeiten gemeinsam daran, dass das Rüsten eines Werkzeuges an der Maschine A von jedem betroffenen Mitarbeiter in minimaler Zeit ausgeführt werden kann. Die Organisation eines internen Wissens- und Erfahrungstransfers, verbunden mit einem Rüsttraining on the job, ist dafür eine notwendige Voraussetzung.

- Wir haben störende Bauteile, nicht benötigte Gegenstände und überflüssige Kabel und Schläuche an der Maschine entfernt, um Rüstvorgänge optimal durchführen zu können.

- Wir gestalten das Umfeld an der Maschine so, dass alle wesentlichen Rüstwerkzeuge und Rüsthilfsmittel im direkten Zugriff für den Mitarbeiter verfügbar sind.

- Wir wissen, dass nach der Beendigung des Rüstvorganges direkt gute Erzeugnisse produziert werden. Es macht keinen Sinn, einen Rüstvorgang zu beschleunigen, wenn wir nicht sicher sind, dass sofort i.O.-Teile hergestellt werden können.

- Wir wissen, dass der beste Rüstvorgang der ist, den wir nicht durchführen müssen. Solange wir die Maschine rüsten müssen, steht das Prinzip im Vordergrund, jedes Werkzeug mit einer Bewegung und einer einzelnen Berührung prozesssicher auf die Maschine zu bringen.

Inhaltsverzeichnis:

1. Notwendigkeit des Rüstens
2. Rüstzeitreduzierung
3. Kennzeichnung von Anlagen
4. Lagerung von Zubehör
5. Planung Rüsten
6. Präsentation der Erfolge

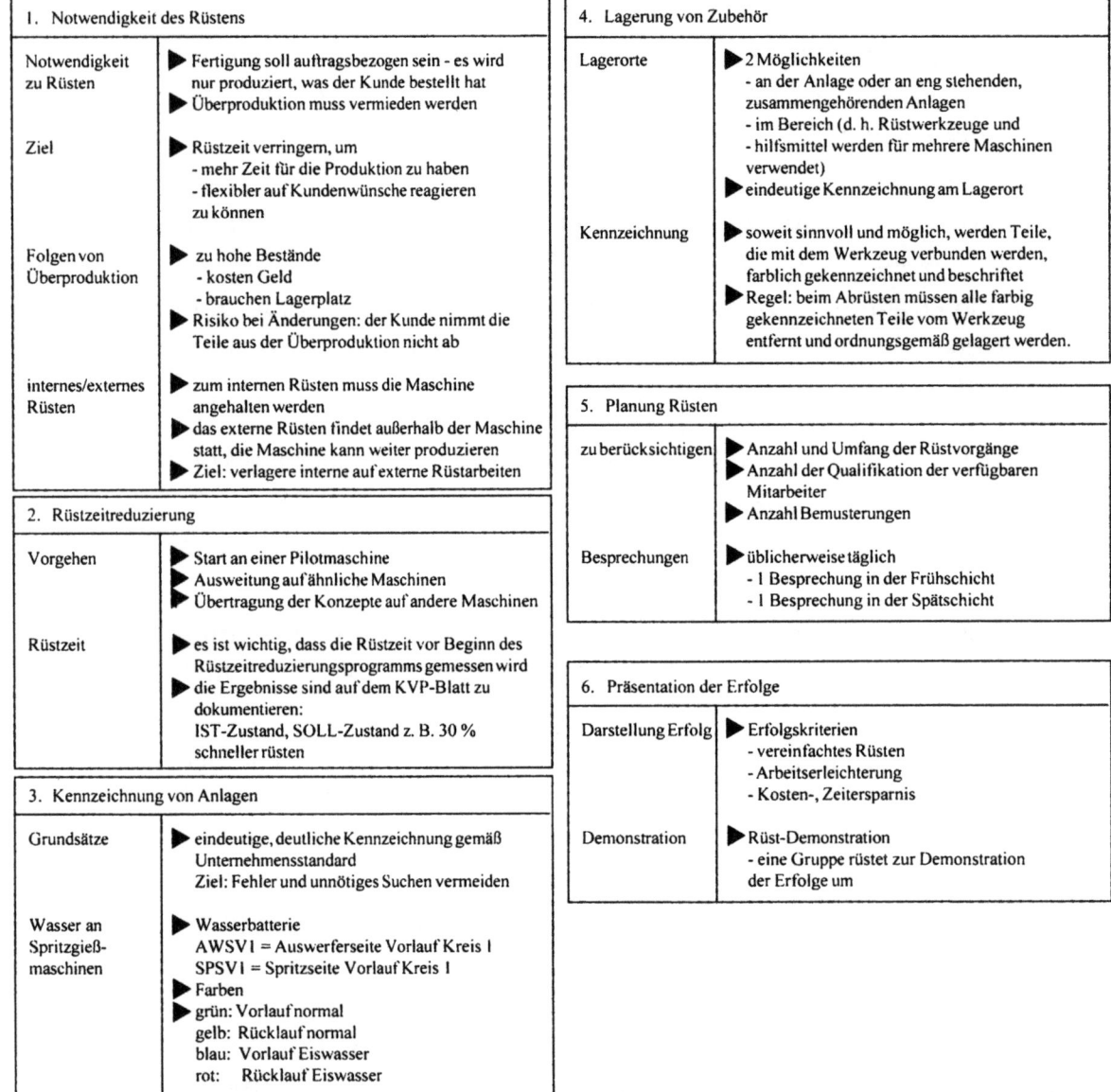

Bild 6.1: Praxisbeispiel zur Umsetzung des Projektes „Rüstzeitreduzierung im Unternehmen"

7 Die Erfolge umgesetzter Rüstzeitreduzierungsprozesse setzen ein neues Denken im Unternehmen in Gang

- Die verantwortlichen Produktionsmanager müssen erkennen, dass nur das produziert werden kann, was auch verkauft wird. Erfolgreich durchgeführte Rüstzeitreduzierungen machen es möglich, auf Absatzschwankungen schnell reagieren zu können. Die Notwendigkeit der damit zusammenhängenden Verkürzung der Durchlaufzeit in der Produktion wird den Managern genauso bewusst gemacht, wie die Verschwendung des unsinnigen Produzierens lagerhaltiger Güter in großen Produktionslosen.

- Bereitstellen von Produktionsmitteln, die jederzeit kostengünstig auf alle Marktveränderungen angepasst werden können.

- Realisieren einer Just-in-Time-Produktion (vgl. Kapitel 1, Bild 1.1)

- Die Produktion von i.O.-Erzeugnissen direkt nach der Beendigung des Rüstens.

- Nachdem jeder Rüstvorgang in weniger als 10 Minuten ausgeführt werden kann (entsprechend des SMED-Prinzips, des „Single Minute Exchange of Die /1/), sind Verbesserungsaktivitäten durchzuführen, die das Rüsten in weniger als einer Minute zum Ziel haben (entsprechend des OTED-Prinzips, des „One Touch Exchange of Die").

- Der ideale Rüstvorgang ist der Rüstvorgang, der nicht auszuführen ist. Solange die Durchführung von Rüstvorgängen notwendig ist, sollte sie mit der Option des „einmaligen Berührens" des Werkzeuges erfolgen.

Das Bewusstsein, das Verständnis und die Akzeptanz bei allen Mitarbeitern im Unternehmen, bezogen auf den Zusammenhang,

- Rüstzeiten zu senken,
- Losgrößen auftrags- bzw. bedarfsgerecht zu produzieren,
- Umlaufbestände zu verringern,
- Durchlaufzeiten zu minimieren,

führt zum Unternehmenserfolg der Wettbewerbssicherung mit Zukunft.

8 Die Auswirkungen durchgeführter Rüstzeitreduzierungsprozesse

Mit abnehmender Produktionslosgröße sinken auf der einen Seite die Umlaufbestände, auf der anderen Seite führt die Produktion kleinerer Lose in Verbindung mit der Herstellung zahlreicher Varianten zu einer Steigerung der Anzahl von Rüstungen. Die sich daraus ergebende verschlechterte Gesamtanlageneffektivität lässt sich durch optimale Rüstzeiten ausgleichen.

Mit der erfolgreichen Durchführung von Rüstzeitreduzierungsprozessen wird ein Produktionsweg geschaffen, der die wirtschaftliche Herstellung der Erzeugnisse in hoher Variantenvielfalt, bei kleinen Losgrößen und minimalen Umlaufbeständen gewährleistet. Dementsprechend werden folgende Kennzahlen zusätzlich positiv beeinflusst:

- Die Kapitalrentabilität steigt
- Umlaufbestandsreduzierungsen führen zu einer verbesserten Nutzung der Produktionsfläche.
- Die Produktivität wird erhöht, weil unnötige Bewegungen des Lagergutes vermieden werden.
- Unnötige Bestände beim Produktwechsel werden minimiert.
- Erzeugnisse werden nicht länger durch „langes Lagern" vorgehalten.
- Die Möglichkeit, verschiedene Erzeugnis-Varianten in einer Produktionslinie zu fertigen, führt zu weiteren Umlaufbestandssenkungen.

Sofern die Rüstzeiten drastisch gesenkt werden konnten, ergeben sich weitere Verbesserungen im gesamten Produktionsprozess:

- Erhöhen der Gesamtanlageneffektivität entsprechend der Definition nach /5/.
- Verbessern der Produktqualität, weil die nachfolgenden Arbeitsvorgänge vollständig auf den Rüstzeitprozess abgestimmt sind.
- Einfach durchzuführende Rüstarbeitsvorgänge resultieren in einer verbesserten Arbeitssicherheit.
- Standardisierte Rüstvorgänge reduzieren die Anzahl der benötigten Hilfsmittel und Werkzeuge. Die Werkzeuge und Hilfsmittel, die wirklich eingesetzt werden, sind funktionsbezogen besser am Rüstarbeitsplatz organisiert.
- Der gesamte Prozess des Rüstens mit den jeweiligen internen und externen Zeitanteilen ist verbessert worden.
- Die Akzeptanz bei den Einrichtern und Maschinenbedienern für die Durchführung von zusätzlichen Rüstungen wird erreicht, weil das Rüsten schnell und einfach vonstatten geht.
- Darstellen einer positiven Entwicklung des Kosten-Nutzen-Verhältnisses zum Thema „Rüsten" auch mit der Orientierung, einen Teil von Verschwendungen im Produktionsprozess eingespart zu haben.

- Anreichern und Erweitern des Aufgabengebietes der Maschinenbediener mit Zuordnung von mehr Verantwortung durch die Übernahme der Durchführung einfacher Rüstarbeiten. Dadurch erhöht sich die Identifikation des Mitarbeiters mit seiner Maschine und trägt positiv zur Entwicklung der Arbeitszufriedenheit bei.

Reduzieren der Durchlaufzeiten der Erzeugnisse durch:

- die Vermeidung bzw. Verringerung von Wartezeiten im gesamten Produktionsprozess.
- die Realisierung des Prinzips „ein Stück fließt" infolge der Angleichung der Durchführungszeiten für jeden Arbeitsvorgang und der Produktion jeweils einer Einheit pro Arbeitsstation:

Ein durchzuführender Kapazitätsabgleich zwischen den Maschinen und Anlagen im Produktionsprozess ist immer in Beziehung zu setzen mit der Produktionsmenge, die wirklich benötigt wird. Die Verschwendungsart „Überproduktion" ist zu vermeiden. Zur Regelung derartiger Vorgänge empfiehlt sich der Einsatz einfach handhabbarer (EDV-) Systeme, die die aktuelle Situation der Fertigungssteuerung an den einzelnen Arbeitstationen für die standardisierten Produktionsprozesse mit minimalem Puffer sichtbar machen /6/.

In diesem Zusammenhang ist es wichtig und notwendig zu wissen, dass nicht in erster Linie die Auslastung jeder Arbeitsstation mit hoher Priorität sicherzustellen ist, sondern der Materialfluss im Produktionsprozess gewährleistet sein muss. Der prozesssichere Transport der Losgröße 1 des Erzeugnisses ist ein wesentliches Merkmal des Just in Time-Prinzips.

Die Erfolge umgesetzter Rüstzeitreduzierungsprojekte wirken sich positiv auf die Kundenorientierung und auf andere Bereiche im Unternehmen aus:

- Schwankungen in der Nachfrage bestimmter Erzeugnisse werden leicht ausgeglichen.
- Kurzfristig nach Auftragseingang kann mit der Produktion der Erzeugnisse kunden-, d. h. auftragsorientiert begonnen werden.
- Liefertermine werden problemlos erfüllt.
- Eilaufträge sind wie Normalaufträge einzuplanen und durch die Produktion zu steuern.
- Die Flexibilität in Vertrieb, Arbeitsvorbereitung, Logistik, Fertigung, Montage, Versand, etc. wird gesteigert.
- Die Erfahrungen und Erkenntnisse aus Rüstzeitreduzierungsprozessen führen zu neuen Konzepten der Produktion allgemein.
- Die „Betriebsblindheit" in allen Funktionen der Organisation bricht auf bzw. ein neues Denken im Unternehmen mit der Herausforderung, das für unmöglich Erscheinende systematisch, nachvollziehbar, konsequent und messbar möglich zu machen, wird installiert.

9 Methoden und Techniken zur Rüstzeitreduzierung

9.1 Gründen eines Pilotteams

Rüstzeitreduzierung ist ein Prozeß der kontinuierlichen Verbesserung. Man sollte nicht erwarten, daß ein Rüstvorgang ohne weiteres in weniger als 10 Minuten durchgeführt werden kann. Viel wahrscheinlicher ist es, die Rüstzeit in kleinen Schritten zu reduzieren.

Der Prozeß zur Rüstzeitreduzierung läuft wie folgt ab:

1. Bestimme die Maschine bzw. Anlage, an der die Rüstzeitreduzierung durchgeführt werden soll und bilde ein Pilotteam.

2. Entscheide über die Zusammensetzung des Pilotteams. Folgende Personen sollten am Pilotprojekt teilnehmen:

   - Maschinen-, Anlagenbediener
   - Meister, Gruppenleiter
   - Ingenieur
   - Mitarbeiter aus der Abteilung Instandhaltung
   - Mitarbeiter aus der Abteilung Qualitätsmanagement

   Es ist absolut notwendig, den Maschinen- bzw. Anlagenbediener im Pilotteam zu integrieren, weil

   - er die Arbeit und die Maschine bzw. Anlage besser kennt als jeder andere,
   - er danach motiviert sein wird, einen besseren Eindruck über die Prozesse und Vorgänge an seiner Maschine bzw. Anlage zu bekommen,
   - die besten und in der Praxis umsetzbaren Ergebnisse nur mit seiner Unterstützung erzielt werden können.

3. Nimm einen typischen Rüstvorgang auf: Liste alle Aktivitäten, alle beteiligten Mitarbeiter sowie alle benötigten Zeiten, Werkzeuge, Hilfsmittel usw. auf.
   Es ist hilfreich, einen Videofilm oder Fotos von dem Rüstvorgang zu erstellen, um damit eine objektive Grundlage für eine Beurteilung zu bekommen.

4. Trainiere die Teammitglieder in den Techniken und Methoden zur Rüstzeitreduzierung (vgl. nachfolgende Kapitel). Mache den Mitarbeitern bewusst, welche Bedeutung eine Rüstzeitreduzierung für die Kundenorientierung und die Wettbewerbssicherheit des Unternehmens hat.

9.2 Vorgehensweise zur praxisgerechten Rüstzeitreduzierung in 6 Schritten

Die vorgeschlagenen Schritte zur Rüstzeitreduzierung an einer ausgesuchten Maschine/Anlage sind in Bild 9.1 dargestellt:

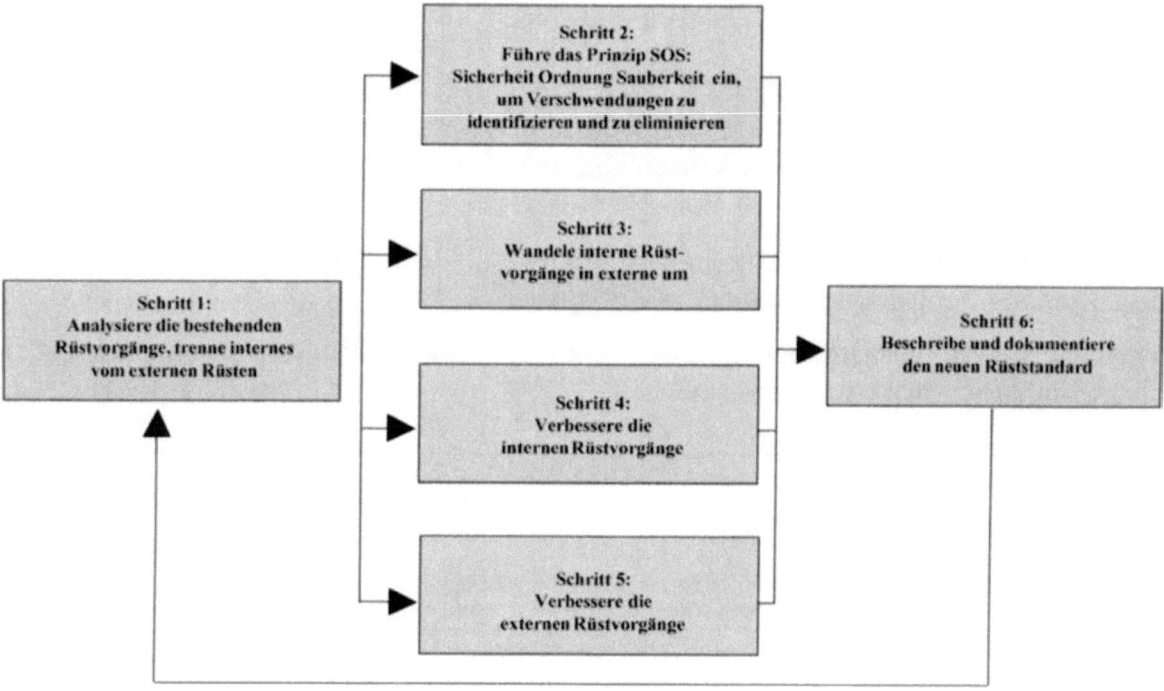

Bild 9.1: Vorgehensweise zur Rüstzeitreduzierung

Schritt 1: Analysiere die bestehenden Rüstvorgänge, trenne internes vom externen Rüsten

- Zeige dem Pilotteam eine Dokumentation der Vorgänge und Handlungen, die während eines Rüstvorgangs aufgenommen wurden.
- Nehme die aktuellen Rüstzeiten in einem vorbereiteten Formblatt auf (Bild 9.2)
- Trenne die internen von den extern auszuführenden Rüstarbeiten.
  - Intern auszuführende Rüstarbeiten sind diejenigen, die nur bei Maschinenstillstand abgewickelt werden können (prozessunterbrechendes Rüsten).
  - Extern auszuführende Rüstarbeiten sind diejenigen, die als Vorbereitung für den eigentlichen Rüstvorgang, d. h. während des Maschinenbetriebes erledigt werden können (prozessbegleitendes Rüsten).

Der Schritt 1 ist deshalb so wichtig, weil eine systematische Vorgehensweise bereits helfen kann, einen Großteil der Rüstzeit einzusparen durch:

- die Verkürzung der intern auszuführenden Rüstarbeiten unter Anwendung der nachfolgend beschriebenen Techniken und Methoden,
- die Verkürzung der extern auszuführenden Rüstarbeiten unter Anwendung der nachfolgend beschriebenen Techniken und Methoden.

Es ist sehr wichtig,

- dem Maschinen-, Anlagenbediener die Gelegenheit zu geben, die verbesserten Rüstzeiten gegenüber anderen Mitarbeitern und dem Management zu präsentieren
- den Fortschritt der Zeitoptimierungen an der Maschine/Anlage darzustellen, um damit den Prozeß der Rüstzeitreduzierung als kontinuierlichen Verbesserungsprozeß aufzuzeigen

Wenn das Pilotteam seine Vorschläge zur Rüstzeitreduzierung präsentiert, sollte das Management zur Umsetzung dieser Vorschläge eine möglichst schnelle Entscheidung treffen, weil

- dies die Bedeutung der Rüstzeitreduzierung sowie die Unterstützung durch das obere Management dokumentiert,
- damit einer möglichen Demotivation der Teammitglieder durch Desinteresse des oberen Managements vorgebeugt wird.

Erfassung „Rüstzeiten" an der Maschine H 1000							
Datum	Name	Teile Nr. Abrüsten	Teile Nr. Aufrüsten	Beginn Uhrzeit	Ende Uhrzeit	Zeit (Std)	Was kann in Zukunft verbessert werden? (1 Vorschlag pro Rüstvorgang)
24.1.	Müller	4711	4712	6.00	8.30	2,5	Schnellspannung instandsetzen
24.1	Meier	4712	10930	15.00	17.00	2,0	Rüstwerkzeuge an Maschine bereitstellen
25.1.	Schulte	10903	30096	19.30	21.00	1,5	Lagerort für neues Werkzeug an Maschine kennzeichnen

Bild 9.2: Praxisbeispiel
Erfassen von Rüstzeiten mit Visualisierung an der Gruppenarbeitstafel

Schritt 2: Führe das Prinzip SOS (Sicherheit, Ordnung und Sauberkeit) an allen Arbeitsplätzen ein, um Verschwendungen zu identifizieren und zu eliminieren

Vermeide Verschwendung, insbesondere bezogen auf das Suchen von Teilen:

- Bewahre Werkzeuge und Vorrichtungen an den hierfür vorgesehenen Plätzen auf.
- Nutze Werkzeugwagen bei der Durchführung von Rüstvorgängen.
- Erarbeite standardisierte Formblätter über Rüstanweisungen, in denen Temperaturen und Einrichtewerte genauso eingetragen werden wie Daten über Abmessungen, Prüfwerte usw. Das ist deshalb notwendig, um die Durchführung gleich-

bleibender Rüstvorgänge zu gewährleisten und damit einen Standard zu setzen, an dem der Fortschritt zur Rüstzeitreduzierung gemessen werden kann.

- Nutze Checklisten, um sicherzustellen, daß alle notwendigen Vorrichtungen, Werkzeuge und Hilfsmittel zum Rüstvorgang verfügbar sind. Stelle das Fehlen z.B. eines Bolzens oder einer Schraube nicht erst dann fest, wenn die Maschine bzw. Anlage für die Durchführung des Rüstvorganges bereits außer Betrieb gesetzt wurde.

- Stelle sicher, daß die benötigten Materialien für die Bearbeitung des nächsten Auftrages verfügbar sind und in der Nähe der Bearbeitungsmaschine bereitstehen.

Schritt 3: Wandle interne Rüstvorgänge in externe um

- Analysiere sorgfältig alle intern zugeordneten Rüstarbeitsvorgänge und prüfe, welche dieser Arbeiten extern durchgeführt werden können.

  Beispiel:
  Innerhalb eines Spritzgussverfahrens wurde folgendes festgestellt:
  Im internen Rüstprozess wurden die Formen auf die erforderliche Temperatur vorgewärmt, indem flüssiges Material eingespritzt wurde. Der erste Schuss innerhalb des Produktionsprozesses war immer schadhaft, weil sich die Temperaturen der Form nicht stabilisiert hatten.
  Durch die Verlagerung des Vorwärmens der Form im internen Rüstprozeß auf eine extern auszuführende Vorwärmung wurde dieses Problem gelöst.

- Mache den Rüstprozess durch Visualisierung transparent.

Ein Ablaufbeispiel für einen Rüstprozess mit den einzelnen Vorgängen zeigt Bild 9.3.

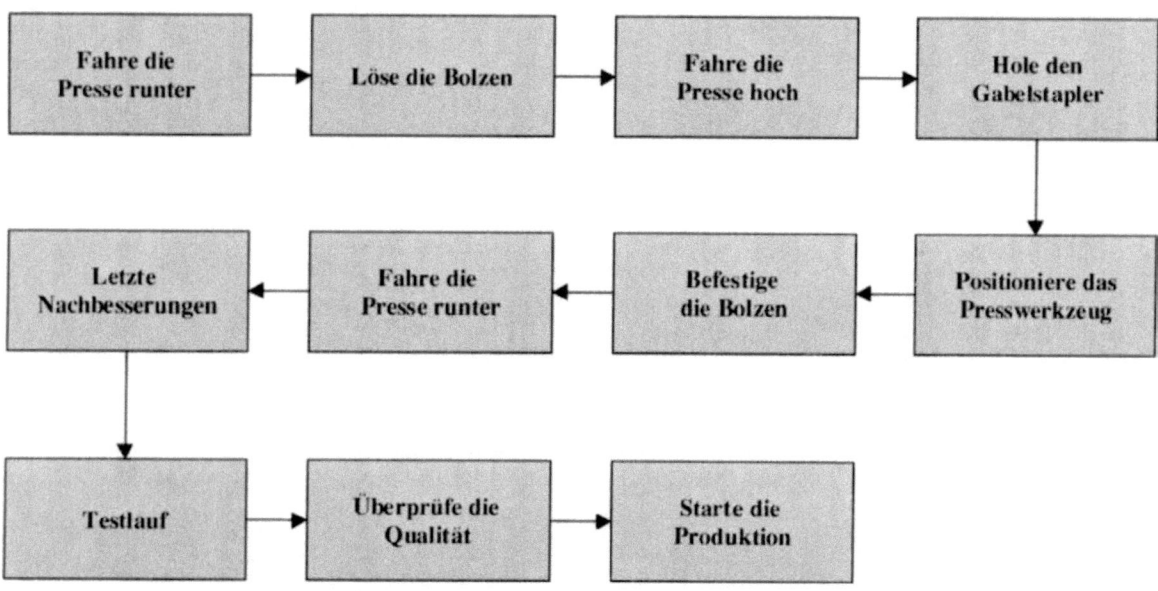

Bild 9.3: Ablaufbeispiel für einen Rüstprozess mit seinen Vorgängen (nach /2/)

Bild 9.4 zeigt ein Arbeitsblatt mit allen Daten zur Rüstzeitreduzierung bezogen auf den Prozess gemäß Bild 9.3.

Maschine: .... Presse Arbeitsteam:								
Nr.	Aufgabe	Zeit (min./sec.)		Intern/ Extern	Problembereich	Verbesserungs- maßnahmen	Zeitein- sparung (min.)	Verantwortlich	Datum
		Bearbei- tungszeit	Kumul. Zeit						
1.	Herunterfahren der Presse	4	4	Intern				Alle Mitarbeiter	
2.	Lösen der Bolzen	52	56	Intern	Bolzengewinde sind festgesetzt.	Reinigen der Bolzengewinde	20	Alle Mitarbeiter	Jeden Monat
3.	Hochfahren der Presse	4	1,00	Intern					
4.	Holen des Gabelstaplers	2,24	3,24	Extern	Der Gabelstapler ist durch andere Arbeiten belegt	Abklären des Einsatzplanes	2,24	M. Jung	03.08

Bild 9.4: Arbeitsblatt zur Rüstzeitreduzierung (nach /2/)

Schritt 4: Verbessere die intern auszuführenden Rüstvorgänge

Die folgenden Methoden können angewendet werden, um die intern auszuführenden Rüstarbeiten zu verbessern:

1. Parallel abzuarbeitende Arbeitsgänge

Die Parallelschaltung von Arbeitsgängen ist eine Möglichkeit, interne Rüstvorgänge zu verkürzen. Bild 9.5 zeigt, dass das Personal bei Umrüstarbeiten oft sehr lange Wege zurücklegen muss; diese können beträchtlich verkürzt werden, wenn eine zusätzliche Arbeitskraft für das Umrüsten zur Verfügung gestellt wird. Außerdem wird dadurch eher der Teamgeist gefördert, als wenn das Umrüsten von nur einem Maschinenbediener durchgeführt wird.

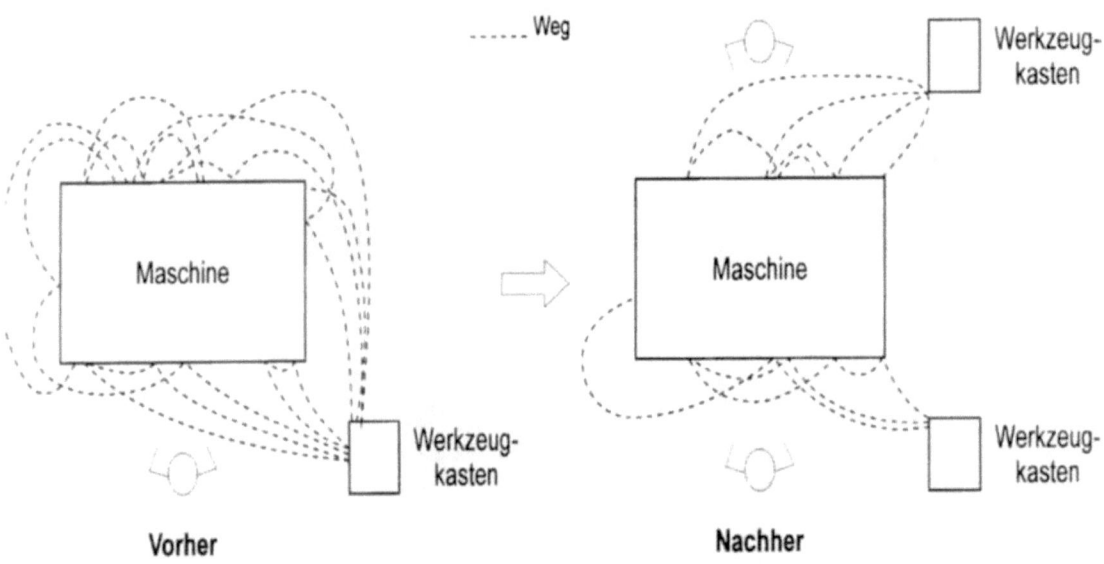

Bild 9.5: Beispiel für parallel geschaltete Arbeitsgänge (Draufsicht) (/3/, S.35)

Ähnlich wie bei Autorennen der Formel 1, wo ein absolut eintrainiertes Team in Sekundenschnelle Reifen wechselt und das Auto nachtankt, könnten auch Rüstmannschaften so eingespielt sein, dass sie dort, wo früher bis zu zwei Stunden zur Umrüstung einer Maschine nötig waren, heute nur noch sieben Minuten benötigen. Mit einem derartigen „Formel-1-Boxenstopp" an der umzurüstenden Maschine bzw. Anlage sind zusätzliche Produktivitätsverbesserungen verknüpft (vgl.Bild 4.2).

Der Einsatz der Netzplantechnik oder anderer graphischer Darstellungen kann bei der Entwicklung paralleler Arbeitsgänge hilfreich sein (Bild 9.6). In diesem Beispiel wurde die interne Rüstzeit von 57 Minuten auf 10 Minuten gesenkt. Die Netzplantechnik erleichtert auch, den „kritischen Pfad" herauszufinden und unterstützt die Bemühungen um eine Verkürzung dieses kritischen Weges.

Vorher (gesamte interne Rüstzeit: 57 min.)

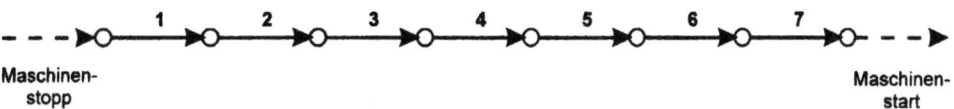

Schritt Nr	Arbeitsgang	Intern/ Extern	benötigte Zeit (min.)	Durchgeführt von
1	Suche des neuen Gesenkes	I	3	Einrichter
2	Transport des neuen Gesenkes	I	10	Einrichter
3	Ausbau des alten Gesenkes	I	2	Einrichter
4	Einbau des neuen Gesenkes	I	2	Einrichter
5	Transport des neuen Materials	I	10	Einrichter
6	Justierung	I	20	Einrichter
7	Transport des alten Gesenkes	I	10	Einrichter

Nachher (gesamte interne Rüstzeit: 10 min.)

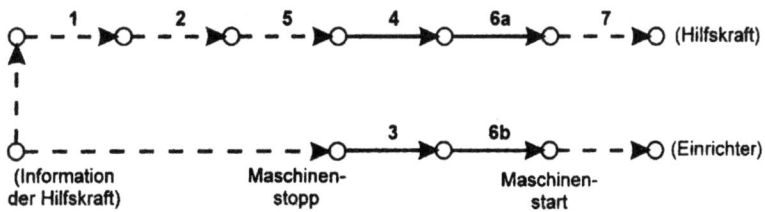

Schritt Nr	Arbeitsgang	Intern/ Extern	benötigte Zeit (min.)	Durchgeführt von
1	Suche des neuen Gesenkes	E	3	Hilfskraft
2	Transport des neuen Gesenkes	E	10	Hilfskraft
5	Transport des neuen Materials	E	10	Hilfskraft
4	Einbau des neuen Gesenkes*	I	2	Hilfskraft
6a	Justierung**	I	7	Hilfskraft
3	Ausbau des alten Gesenkes*	I	2	Einrichter
6b	Justierung**	I	8	Einrichter
7	Transport des alten Gesenkes	E	10	Hilfskraft

Anmerkung:
*, **: Arbeiten können gleichzeitig ausgeführt werden.

Bild 9.6: Parallelarbeit von Rüstvorgängen an einer Presse (/3/ S.35)

Während der intern auszuführenden Rüstvorgänge wird die Arbeit meistens an beiden Seiten der Maschine bzw. Anlage durchgeführt. Wenn nur eine Person mit dem Rüsten beschäftigt ist, wird über die zurückzulegenden Wegstrecken Zeit verschwendet.

Parallel abzuarbeitende Vorgänge können - wenn sie gut geplant sind - die Rüstzeit erheblich reduzieren. Ein entsprechendes Arbeitsblatt (siehe Bild 9.7) kann für diesen Zweck eingesetzt werden.

2. Nutze Schnellwechseleinrichtungen mit einer einfachen Drehung und Zentrierhilfen

Alle Befestigungen sollten jeweils mit einer einfachen Drehung angezogen und wieder gelöst werden können. Möglichkeiten, um das zu realisieren, sind in Bild 9.8 dargestellt.

Aufgabe	Zeit (sec)	Mitarbeiter 1 (Einrichter)	Mitarbeiter 2 (Maschinenbediener)	Meldung
1	15	Herunterfahren der Presse (bis zum unteren Totpunkt)	Vorbereiten zum Lösen der Bolzen an der Rückseite	
2	20	Lösen der Bolzen an der Vorderseite, Sichern des Werkzeugoberteils	Lösen der Bolzen an der Rückseite, sichern des Werkzeugoberteils	ja
3	30	Hochfahren der Presse (bis zum oberen Totpunkt)	Setzen des Schalters an der Presse auf „aus"	ja
4	20	Lösen der Sicherheitsstifte des Werkzeugunterteils	Vorbereiten zum Lösen der Bolzen unter Beachtung des Werkzeugunterteils	
5	60	Entfernen des Werkzeugunterteils	Lösen der Bolzen, Sichern des Werkzeugunterteils	
6	20	Befestigen der Vorrichtung, um das Werkzeug zu transportieren	Befestigen der Vorrichtung, um das Werkzeug zu transportieren	
7	20	Hochziehen	Positioniere das Werkzeug für das Hochziehen	
8	30	Positionieren des Werkzeuges	Positionieren des Werkzeuges	
9	20	Befestigen der Bolzen an der Vorderseite, Sichern der Werkzeugunterseite	Befestigen der Bolzen an der Rückseite, Sichern der Werkzeugunterseite	ja
10	50	Bewegen der Werkzeugunterseite		
11	30	Setzen der Sicherheitsstifte für die Werkzeugunterseite	Bewegen des Krans	
12	30	Herunterfahren der Presse (bis zum unteren Totpunkt)	Einrichten des Preßhubs	ja
13	50	Anziehen der Bolzen an der Vorderseite, Sichern des Werkzeugoberteils	Vorbereiten zum Befestigen der Bolzen an der Rückseite, Sichern des Werkzeugoberteils	
14	20	Hochfahren der Presse (bis zum oberen Totpunkt)	Anziehen der Bolzen an der Rückseite, Sichern des Werkzeugoberteils	ja
15	15	Testen der Werkzeugfunktionalität ohne Material	Überprüfen von Schaltern und Meßinstrumenten, setze den Schalter an der Presse auf „ein"	ja
16	40	Einsetzen von Material und produzieren	Überprüfen von Sicherheit und Qualität, etc.	
	Gesamtzeit: 470 sec.	Zu überwachende mögliche Probleme: 1) verdrehte oder steife Kabel oder Seile 2) Senkrechtbewegungen von zu wechselnden Werkzeugen 3) Jegliche Gefahrenquelle am Boden	1) Anziehen von Bolzen 2) Schalterstellungen (ein oder aus) 3) Setzen der Sicherheitsstifte 4) Meßinstrumente 5) Prüfen der Qualität	in Ordnung

Bild 9.7: Verbesserung intern auszuführender Rüstarbeiten durch parallel abzuarbeitende Vorgänge (nach /2/)

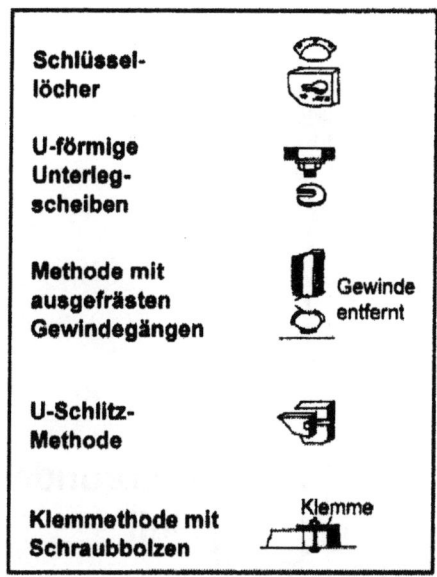

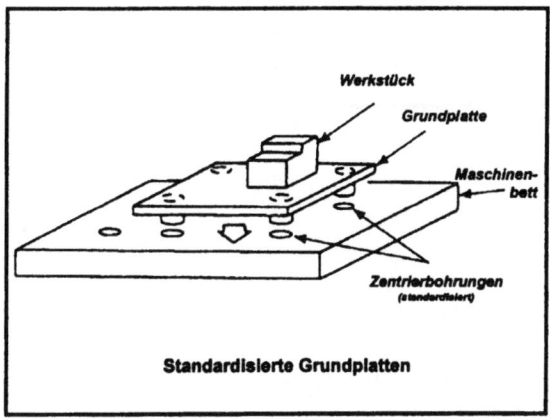
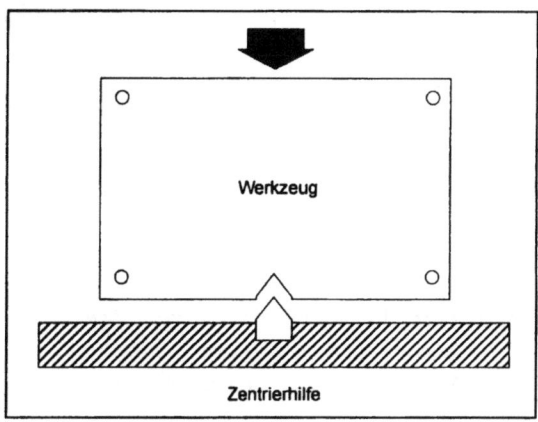

Bild 9.8: Beispiel für Schnellwechseleinrichtungen und Zentrierhilfen
(/1/ S. 56 - 59 und /3/ S. 34)

3. Methode der einfachen Bewegung

Die Methode der einfachen Bewegung benutzt die Idee, einen Gegenstand, wie z.B. ein Werkzeug mit einer einzigen Bewegung zu sichern.

Derartige Anwendungen beinhalten

- Mitnehmer
- Keile, Auswerfer, Stifte mit Konus
- Magnete oder
- Federn

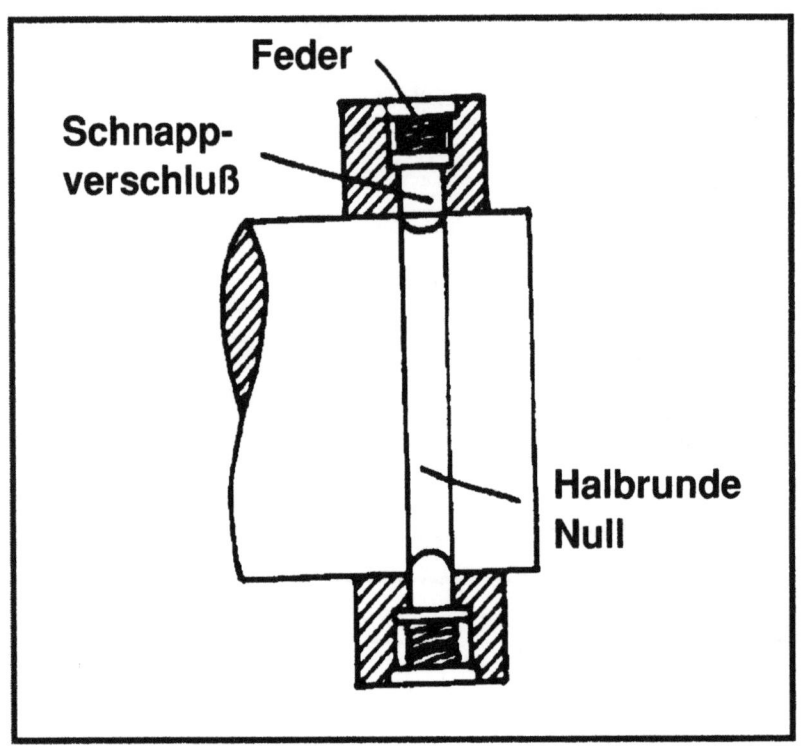

Bild 9.9: Beispiel für Schnellwechseleinrichtungen (/1/, S. 61)

4. Methoden ineinandergreifender Verriegelung

Vermeide Befestigungen durch den Einsatz ineinandergreifender Teile

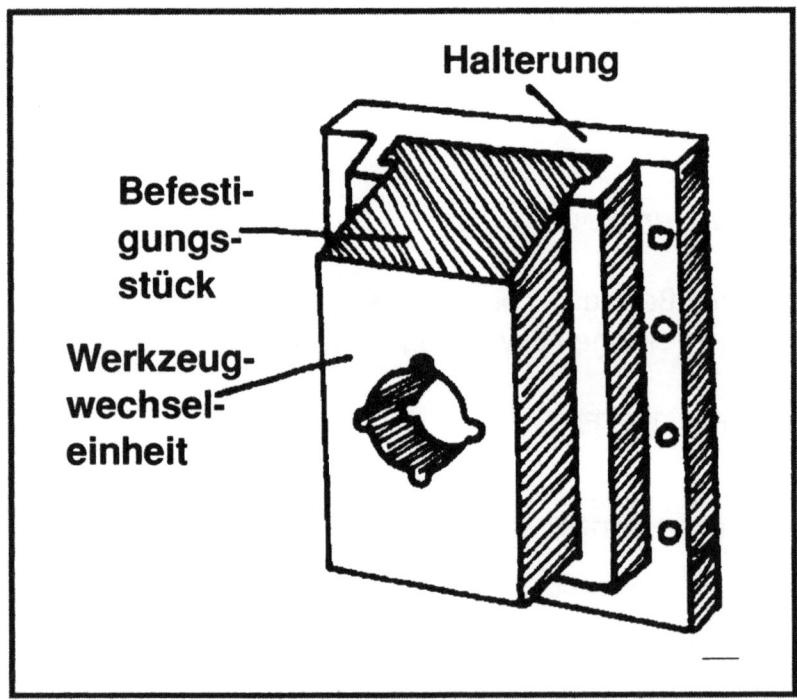

Bild 9.10: Beispiel für Schnellwechseleinrichtungen (/1/, S. 62)

Derartige Befestigungen eignen sich auch als standardisierte Zentriervorrichtungen, um zusätzliche Justierungen zu vermeiden.

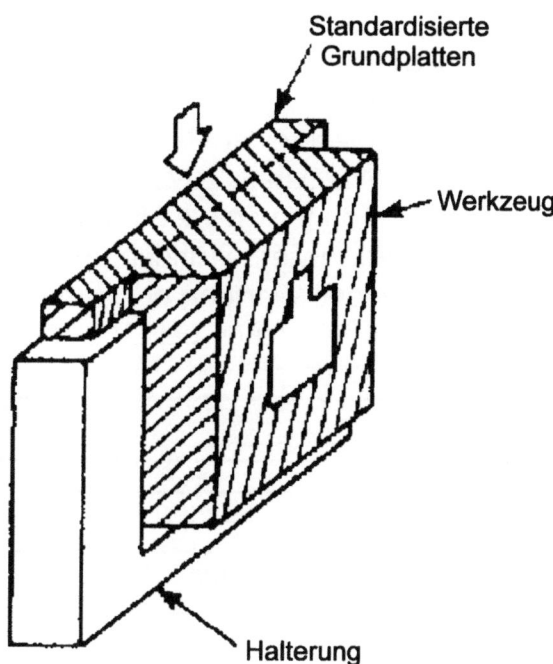

Bild 9.11: Kasettenhalterung als standardisierte Zentriervorrichtung (/3/, S.34)

5. Standardisieren von Funktionen im Rüstvorgang

Eine Standardisierung, z.B. von Werkzeugen, kann kostenintensiv und verschwenderisch sein, wenn die Größen und Dimensionen für alle Werkzeuge einer Maschine bzw. Anlage vereinheitlicht werden. Die Werkzeuge werden immer auf die größten Abmessungen angepasst.

Im Gegensatz dazu werden bei der Standardisierung von Funktionen im Rüstvorgang nur die Teile normiert, die für den Werkzeugwechsel absolut notwendig sind. Dieser Anpassungsprozess beginnt damit, dass man die allgemeinen Verfahren in ihre Grundbestandteile zerlegt:

- Spannen,
- Zentrieren,
- Dimensionieren,
- Ausstoßen,
- Greifen usw.

Danach ist die Entscheidung zu treffen, welche Teile dieser Verfahrensschritte - wenn überhaupt - standardisiert werden sollen.

Die ideale Möglichkeit, die Rüstzeiten zu verringern, besteht darin, Baugruppen, Bauteile und Rohmaterialien von Erzeugnissen zu standardisieren. Wenn wir die wachsende Teilevielfalt verhindern können, indem wir Standardkomponenten verwenden, wird der Ablauf von Arbeitsprozessen beträchtlich verbessert. Vor der Einführung neuer Erzeugnisse kann eine enge Zusammenarbeit zwischen den Mitarbeitern der Produktentwicklung und der Produktion in vielen Fällen die Mehrfachverwendung von Teilen ermöglichen.

Bild 9.12 zeigt eine geraffte Zeitstudie, die in einer kleinen Haushaltsgerätefirma an der Westküste der USA erstellt wurde. Wie daraus zu ersehen ist, wurden für die einzelnen Umrüstvorgänge an der 200-Tonnen-Presse 35 Minuten, 2 Stunden und 10 Minuten, 7 Stunden und 10 Minuten sowie 3 Stunden und 15 Minuten benötigt. Umfangreiche Justierarbeiten, fehlende Wartung der Gesenke sowie lange Transportzeiten trugen zu diesen langen Rüstzeiten bei /3/.

Datum/ Uhrzeit	Vorgang	Gesenk -Nr.
07.05.		
7.00	Beginn des Umrüstens	360E16
7.03	Justieren	
7.29	Kontrolleur prüft Probelauf (weitere Justierung notwendig)	
7.32	Unterlegen von Schreiben unter die Form	
7.35	Korrekter Maschinenlauf	
	Gesamtrüstzeit: 35 min.	
12.45	Bearbeitung beendet	
13.53	Form abgebaut und in Regal zurückgelegt	
13.58	Nächste Form zur Maschine gebracht	36A16
14.10	Justierung	
14.33	Gummistreifen an Gesenk angeklebt	
15.03	Fortsetzung der Justierung	
15.20	Probelauf (weitere Justierung nötig)	
16.05	Abschluß des Rüstvorganges und Beginn der Produktion	
	Gesamtrüstzeit: 2 Std. 10 min.	
08.05.		
	Fortsetzung der Produktion	
09.05.		
7.00	Presse außer Betrieb, Warten auf nächstes Gesenk	
7.30	Schmierung der Maschine	
8.40	Weiterhin kein Gesenk zur Maschine gebracht, weil kein Rohmaterial verfügbar	
12.35	Gesenk und Rohmaterial angeliefert	36B56-1
12.40	Justierung	
13.00	Gesenk wieder abgebaut - Stempellöcher nicht korrekt (Anm.: Außerdem werden 5 Packungen Rohmaterial verschwendet.)	
14.35	Reinigung der Gesenkführungen	
15.40	34A25 eingebaut	34A25
	Gesamtrüstzeit: 7 Std. 10 min.	
10.05.		
7.00	Gesenkführungen ausgewechselt	
8.02	Gesenkführung befestigt	
8.03	Gesenk eingebaut	42A20
8.04	Justierung	
8.30	Probleme: Unterbrechung für erneute Justierung	
8.55	Schweißung an Gesenk vorgenommen	
10.25	Abschluß des Umrüstens und Produktionsbeginn der Maschine	
	Gesamtrüstzeit: 3 Std. 15 min.	

Anmerkung: Die Rüstzeiten schließen keine personell bedingten Arbeitsunterbrechungen ein.

Bild 9.12: Beispiel einer Rüstzeitstudie bei einem Haushaltsgerätehersteller (/3/, S. 39)

Nachdem die Arbeitsplatzgestaltung und -organisation verbessert worden war und das Gesenk nicht mehr in der Höhe justiert werden mußte, verringert sich die Rüstzeit; in einem Fall (bei Teil 34A14) sank sie innerhalb von 6 Monaten von 70 auf 15 Minuten (siehe Bild 9.13). Zur Ermittlung solcher Erfolgsgeschichten ist die kontinuierliche Erfassung der Rüstzeiten, z. B. entsprechend Bild 9.2, für jedes Gesenk eine notwendige Voraussetzung

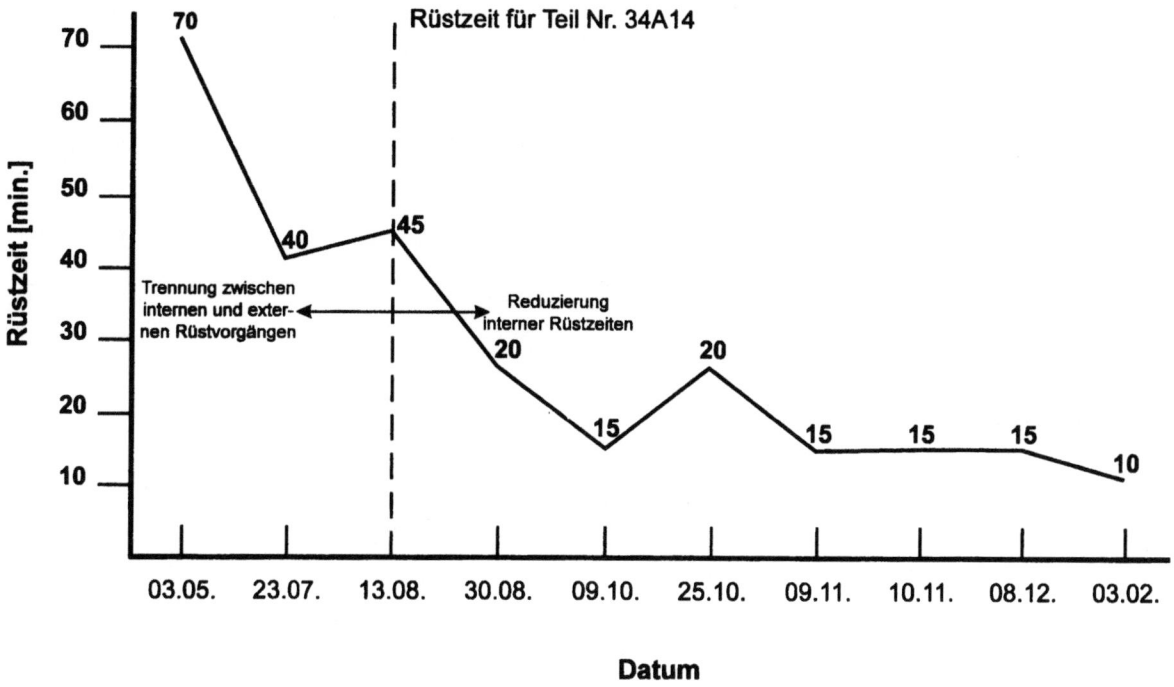

Bild 9.13: Verlauf der Rüstzeitreduzierung bei einem Haushaltsgerätehersteller (/3/, S. 40)

6. Standardisieren von Funktionen für den Werkzeugwechsel eines Presswerkzeuges

Der Werkzeugwechsel bei einer Presse erfordert einen hohen Ausbildungsstand der Maschinenbediener, um die richtige Höhe des Presshubes einzurichten. Diese Herausforderung wurde dadurch gelöst, daß standardisierte Abstandhalter, wie in Bild 9.14 gezeigt, eingesetzt werden.

Wie in Bild 9.14 dargestellt, haben die beiden eingesetzten Werkzeuge Höhen von 320 mm (Werkzeug A) und 270 mm (Werkzeug B).

Zur Vermeidung zusätzlicher Einrichtearbeiten wurde eine Standardisierung von Einzelfunktionen durchgeführt. Ein Abstandhalter mit einer Breite von 50 mm wurde unter das Werkzeug B untergebaut, um es auf die gleiche Höhe von 320 mm, wie das Werkzeug A, zu bringen. Für die Standardisierung der Funktion des Einspannens wurde ein Abstandhalter an der Befestigungsstelle von Werkzeug A angebracht.
Die Einbau- bzw. Einspannhöhe beträgt daher 80 mm für beide Werkzeuge.

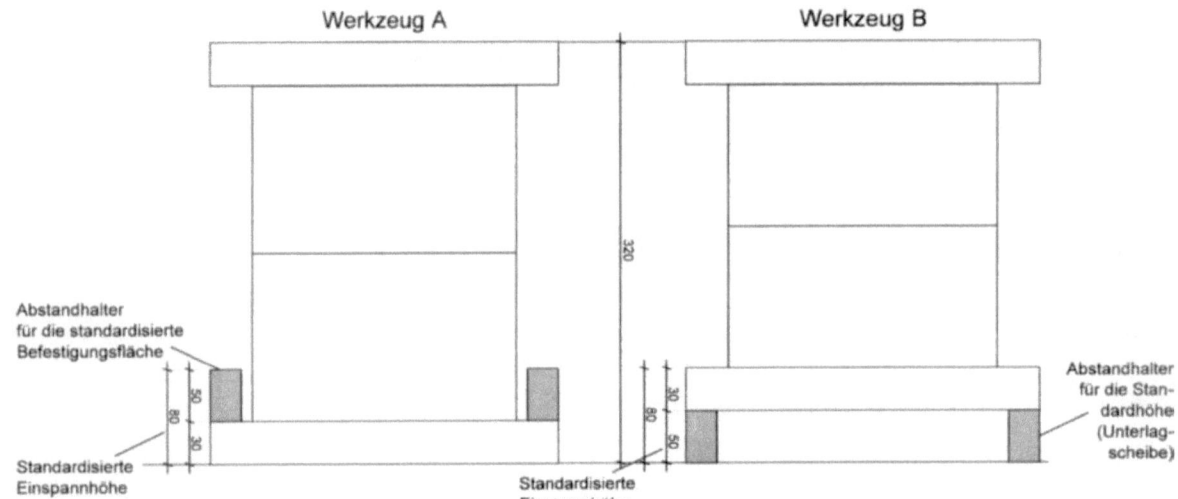

Bild 9.14: Standardisierte Formenhöhe mit Zentrierhilfe (/17/, S. 43)

7. Vermeidung von Justierarbeiten

Die Durchführung von Justierarbeiten ist abhängig von einer ungenauen Zentrierung oder Dimensionierung der Werkzeuge. Aus diesem Grund ist es wichtig zu erkennen, dass das Justieren nicht unabhängig von anderen Arbeitsvorgängen beim Rüsten betrachtet werden kann. Eine Vermeidung von Justierarbeiten erfordert deshalb die Analyse vorhergehender Arbeitsschritte des intern auszuführenden Rüstens. Eine Anzahl von Möglichkeiten zur Vermeidung von Justierarbeiten wird im Folgenden beschrieben:

7.1 Bestimmen numerisch definierter Einstellungen

Der erste Schritt zur Vermeidung des Justierens ist die Durchführung von Kalibrierungen. Wenn die Erfahrung lehrt, dass es keinen Weg gibt, um feste einzuhaltende Maße zu bestimmen, überwindet die Kalibrierung dieses Problem. Jeder weiß, was es heißt, die Skala auf fünf zu setzen. Dieser Wert kann immer wieder und zu jeder Zeit auf fünf eingestellt werden.

Abhängig von der geforderten Genauigkeit können unterschiedliche Methoden angewendet werden /1/.

Methode	Genauigkeit
visuelle Kalibrierung	0,5 mm
Lehren, Kaliber	0,1 mm
Skalierte Messuhren	0,01 mm
numerisch gesteuerte Anlagen	0,001 mm

7.2 Imaginäre Mittellinien und Referenzflächen

Wenn ein Werkzeugwechsel mit einer Justierung an einer Maschine bzw. Anlage durchgeführt wird, sind Mittellinien oder Referenzflächen oftmals nicht sichtbar. Diese Anhaltspunkte müssen nach dem Prinzip des „trial and error" gefunden werden. Eine Anzahl von Techniken kann dieses Problem erleichtern. Als ein Beispiel dafür wurde die Zentrierung einer Fräsmaschine verbessert:

- Es wurden zwei V-Blöcke an dem Maschinenkörper parallel zur Tischmitte installiert, um als Zentrierhilfsmittel zu wirken.
- Zwei weitere V-Blöcke parallel zur Mittellinie wurden auf dem Maschinentisch selbst aufgebracht.
- Es wurden zylindrische Zentrierblöcke erstellt.
  Mit der Ausrichtung dieses Zentrierblocks mit den V-Blöcken an dem Maschinenkörper und dem Maschinentisch wird das Zentrum des Maschinentisches mit dem Zentrum der Werkzeugaufnahme in Übereinstimmung gebracht.
- Wenn das Werkstück mit der Mitte des Maschinentisches abgeglichen ist, dann ist es ebenso ausgerichtet mit der Werkzeugaufnahme, so dass dann Versuche für eine fehlerfreie Produktion des Werkstückes überflüssig sind.

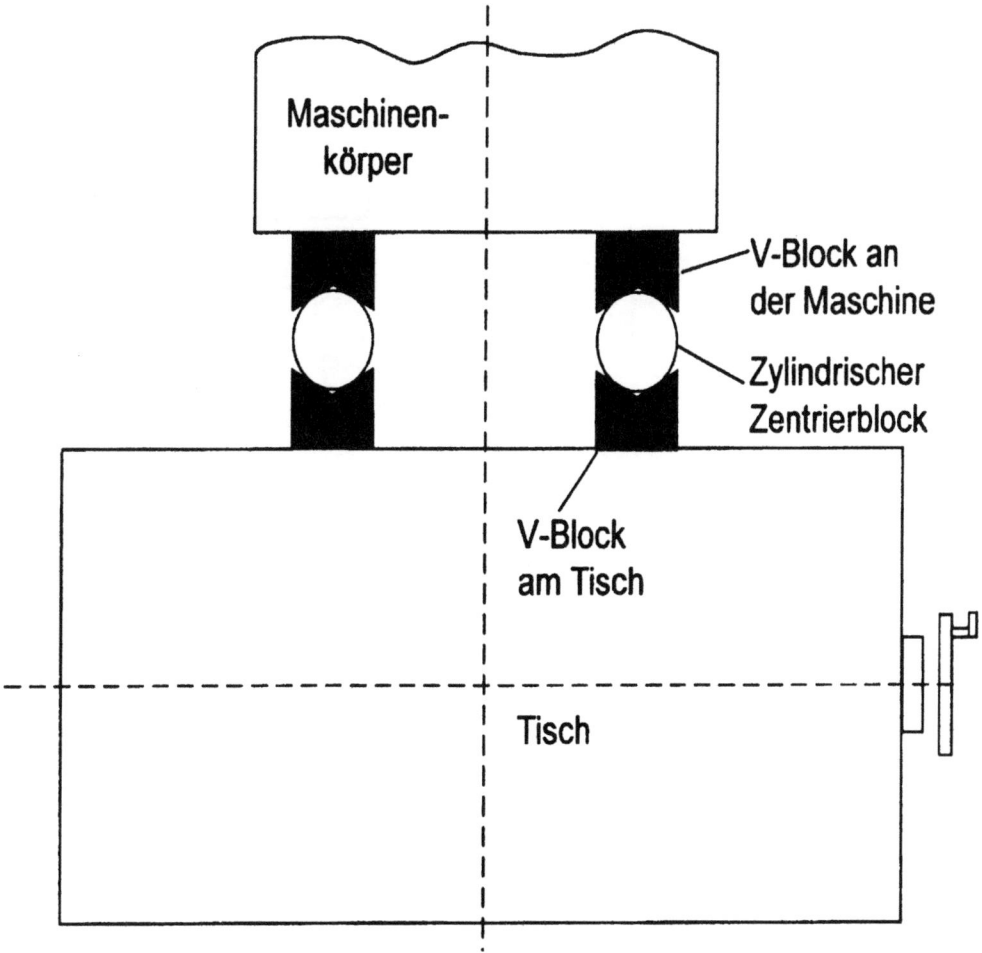

Bild 9.15: Schaffung von imaginären Mittellinien und Referenzflächen zur Vermeidung zusätzlicher Justierarbeit (/1/, S. 71)

7.3 Werkzeuge und Vorrichtungen mit einfacher Bewegung

Werkzeuge und Vorrichtungen mit einfacher Bewegung vermeiden das Justieren vollständig. Diese Werkzeuge und Vorrichtungen basieren auf folgendem Prinzip:

Modifiziere die Funktion des Werkzeugs bzw. der Vorrichtung und nicht ihre Mechanik. Beispiele für Werkzeuge und Vorrichtungen mit einfacher Bewegung sind in Bild 9.16 dargestellt.

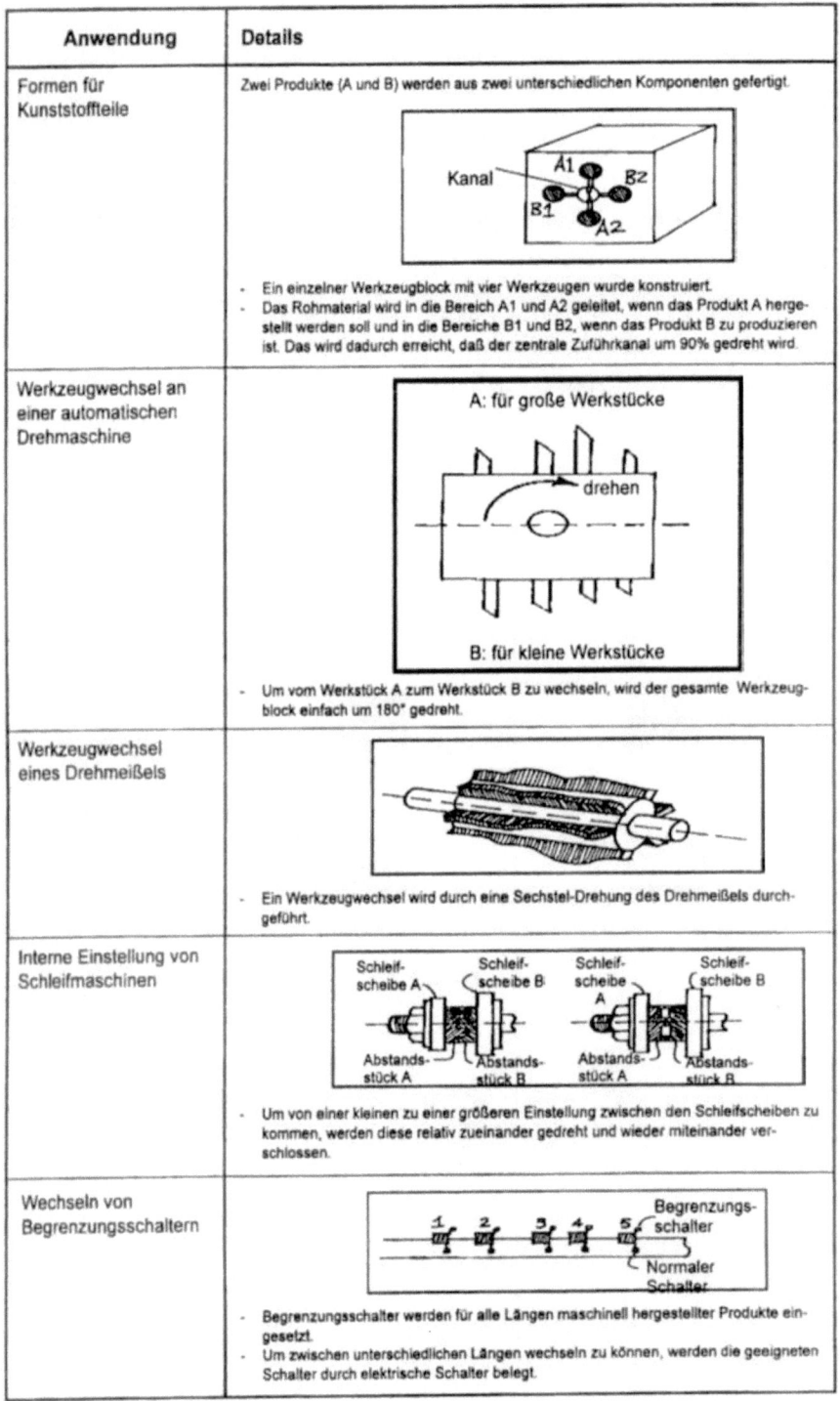

Bild 9.16: Werkzeuge und Vorrichtungen mit einfacher Bewegung (/1/ S.77-86)

8. Kombination von Rüstarbeitsgängen

Zur Kapazitätssteigerung einer Presse wurde eine spezielle Greifvorrichtung angebracht, um das Pressteil schnell aus der Maschine herauszunehmen, indem man sich die Aufwärtsbewegung des Stempels zunutze machte (siehe Bild 9.17). Bei dieser Anordnung wird die Aufwärtsbewegung, die an sich nicht produktwertsteigernd, d.h. nicht wertschöpfend, ist, mit dem Greifvorgang kombiniert. Die Anordnung wurde so konstruiert, dass der Greifer das Teil erreicht, bevor das Presswerkzeug seinen oberen Totpunkt erreicht hat. Dadurch konnte zusätzliche Kapazität gewonnen werden.

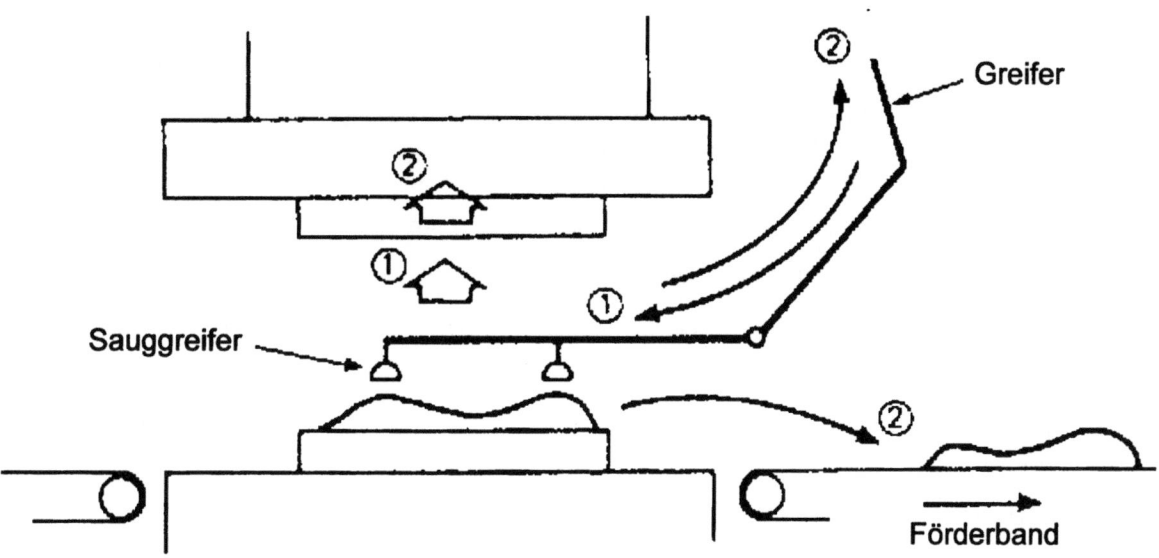

Bild 9.17: Erhöhte Kapazität einer Presse (/3/, S.21)

Eine ähnliche Idee wurde für einen Umrüstvorgang an einer Spritzgießmaschine entwickelt. Die neue Gussform wird vorher durch die Wärme der Maschine erhitzt. Diese Methode spart Zeit, da das Teil erhitzt wird, bevor es in die Maschine eingebaut wird. Dadurch wird eine Justierung überflüssig. (Da die neue Form heiß ist, muß man überlegen, wie man das Teil am besten handhabt.) Eine Lösung besteht darin, die Maschine konstruktiv zu ändern und die neue Gussform unter der alten bereitzuhalten. Dann werden beide mit einer Kette verbunden, so dass der Hebekran mit einer Bewegung zwei Arbeitsschritte ausführen kann (siehe Bild 9.18).

Schritt 5: Verbessere die extern auszuführenden Rüstvorgänge

Intensive Verbesserungen der extern auszuführenden Rüstarbeiten führen ebenfalls zu Rüstzeitreduzierungen. Dieser Schritt entspricht einer Erweiterung der in Schritt 2 dargestellten Aktivitäten (Stichwort: Führe SOS an allen Arbeitsplätzen ein, um Verschwendungen zu vermeiden).

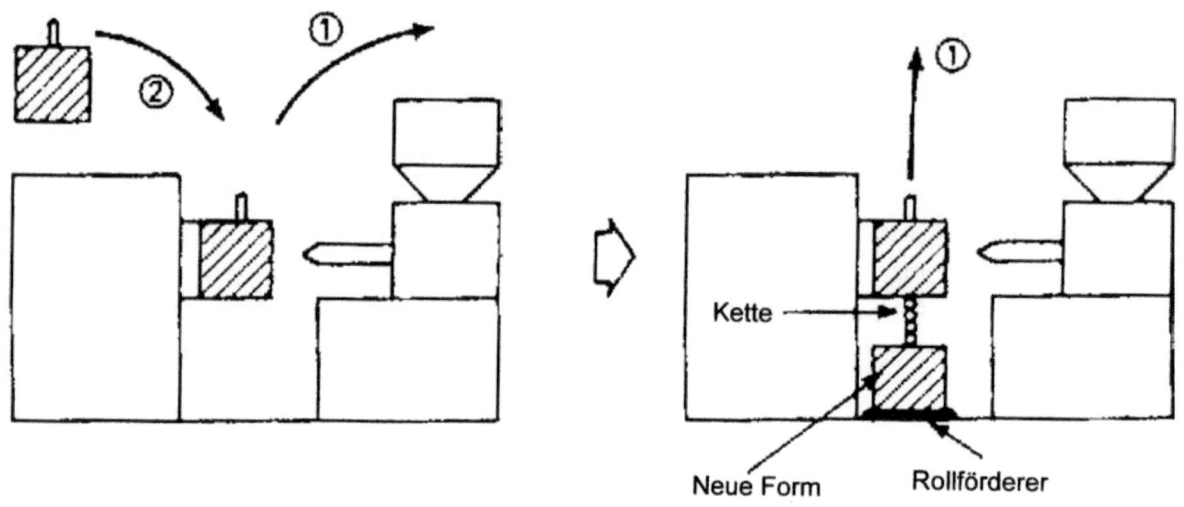

Bild 9.18: Schnelles Umrüsten einer Spritzgießmaschine (/3/, S.22)

Dabei ist eine Verfeinerung der dort beschriebenen Maßnahmen notwendig. Als Beispiele für die Art der Verbesserungen sind zu nennen:

- Nutze speziell angefertigte Behälter (z.B. für Rüsthilfsmittel) für die Durchführung eines speziellen Rüstvorganges.
- Delegiere Maschinenbediener in Rüstzeitreduzierungsteams mit klar geregelter Verantwortlichkeit.
- Untersuche den Einsatz von Automatisierungsmöglichkeiten im Rüstvorgang. Achte speziell bei neu anzuschaffenden Maschinen und Anlagen auf diese Möglichkeiten.

Schritt 6: Beschreibe und dokumentiere den neuen Rüststandard

Nach jeder Veränderung müssen die neuen Rüststandards beschrieben und dokumentiert werden. Diese Standards sind von den Führungskräften der Ausführungsebene immer auf einem aktuellen Stand zu halten und müssen von jedem Maschinenbediener, der in den Prozess der Rüstzeitreduzierung einbezogen ist, verstanden und beherrscht werden.

Bild 9.19 fasst die Kernpunkte zur „Rüstzeitreduzierung" zusammen.

Weitere Fallbeispiele für Rüstzeitreduzierungen aus unterschiedlichen Unternehmen bzw. Branchen und mit Bezug zu verschiedenen Anwendungen, wie z. B.

- in der Lackiererei
- in der Montage
- beim Kunststoffspritzgießen
- beim Schmieden
- beim Gießen

- beim Schweißen
- beim Brennschneiden
- beim Polieren
- findet man in /1/.

Reduziere die Rüstzeit durch Veränderung deiner Sichtweise

1. Bewerte feststehende Maßnahmen neu.
2. Führe allgemein anwendbare Rüstelemente ein, indem du kleine Veränderungen am Produkt vornimmst.
3. Denke über verbesserte Möglichkeiten nach, den bestehenden Platz an der Maschine besser auszunutzen.
4. Bestimme die gleichartigen Teile, die während der Arbeit benutzt werden.

Wandle interne Rüstvorgänge in externe um

1. Bereite die Rüstarbeit vor und stelle die Vorrichtungen und Werkzeuge bereit.
2. Ist es möglich, vorab das Werkzeug einzurichten?
3. Suche ggf. nach Möglichkeiten der Vorwärmung von Werkzeugen.
4. Wechsle Werkzeuge und Vorrichtungen in einem Stück.
5. Reinige den Arbeitsplatz nach dem Anfahren des neuen Arbeitsprozesses.

Kernpunkte zur Rüstzeitreduzierung

Vermeide unnötiges Einrichten: Produziere gute Produkte von Anfang an

1. Verändere nicht den Standard von Vorrichtungen und Werkzeugen. Wechsle die Vorrichtung bzw. das Werkzeug manuell aus.
2. Überprüfe die Größe der Vorrichtung/des Werkzeugs durch einfache Sichtkontrolle.
3. Positioniere die Vorrichtung/das Werkzeug durch einfaches Andrücken.
4. Nutze einfache Hilfsmittel, um die Größe der Vorrichtung bzw. des Werkzeugs zu verändern.
5. Setze die Vorrichtung/das Werkzeug für unterschiedliche Funktionen ein.
6. Ist es möglich, eine Werkzeugcassette zu benutzen?

Führe zuerst einfache Verbesserungen ein

1. Praxis ist das beste Mittel.
2. Lege Werkzeuge und Vorrichtungen sowie die Hilfsmittel in die Nähe des Maschinenbedieners.
3. Überprüfe den Einsatz spezieller Werkzeuge wie z.B. Luftschrauber etc.
4. Befestige jede Schraube bzw. jeden Bolzen mit einer Drehung.
5. Überprüfe die Materialhandhabung.

Bild 9.19: Kernpunkte zur Rüstzeitreduzierung

10 Die Rüstzeitreduzierung im Dienstleistungsbereich

Das Rüsten im Dienstleistungsbereich bedeutet das Wechseln von Dateien, Computerprogrammen oder Arbeitsverfahren infolge veränderter Anforderungen mit der dazugehörigen Bereitstellung der jeweils notwendigen Information am Arbeitsplatz.

- Rüstzeit ist die Zeit, die vergeht zwischen einem beendeten Arbeitsvorgang und einer ersten neuen, in guter Qualität ausgeführten Operation in einem neuen Arbeitsverfahren.

- Rüstzeit ist die Summe interner und externer Rüstzeiten:
    - Interne Zeit ist die Zeit, die man braucht, um nach einem beendeten Arbeitsvorgang das Rüsten durchzuführen.
    - Externe Zeit ist die Zeit, die man zum Rüsten (d.h. zum Auffinden von Informationen, z.B. aus der Ablage) aufwendet, während der eigentliche Arbeitsprozess noch im Gange ist.

- Für die erfolgreiche Realisierung der Rüstzeitreduzierung im Dienstleistungsbereich ist es wichtig, den Organisationsgrad, z.B. bezogen auf die Ablage von Daten und Informationen jeglicher Art, sehr transparent zu gestalten und zugleich eine hohe diesbezügliche Standardisierung anzustreben (vgl. die Schritte zur Rüstzeitreduzierung im Dienstleistungsbereich in Analogie zu denjenigen im Produktionsbereich gemäß Kapitel 9.2).

Schritt 1: Analysiere die Informationsbeschaffung

Der Gesamtprozess der Informationsbeschaffung sollte zur Identifizierung von internen (zentrale Informationsbeschaffung) und externen (dezentrale Informationsbeschaffung) Arbeitsverfahren und von „Verschwendung" beim Beschaffungsvorgang analysiert werden.

Es ist wichtig, die derzeitige Art und Weise der Beschaffung im Team zu ermitteln, um den Informationsfluss vollständig zu erfassen und um damit die Grundlage für einen schnellen Zugriff auf Informationen zu erhalten.

Wichtige Informationen im zentralen/dezentralen Zugriff (Beispiele):

Zentral:
- Gesetzesänderungen
- Kündigung
- Steuer (Lohn/Gehalt)
- Produktionsprogramme
- Personaldaten
- Änderungen gemäß ISO 900
- Umweltverordnungen

Dezentral:
- Termine des Vorgesetzten
- Urlaubspläne
- Schichtpläne
- Weiterbildungsangebote
- Besuche im Haus
- bereichsorientierte Informationen

Schritt 2: Führe ein standardisiertes Ordnungsprinzip ein, um Verschwendungen zu identifizieren und zu eliminieren

Vermeide Verschwendungen (insbesondere das Suchen), z.B. infolge der Durchführung folgender Maßnahmen:

- Ordne Akten und Büromaterial an den ihnen zugewiesenen Plätzen ein.
- Fertige detaillierte Listen über Standardverfahren der Informationsbeschaffung an.
- Fertige Checklisten an, um sicherzustellen, dass bei entsprechenden Anforderungen alle notwendigen Informationen verfügbar sind.
- Mache das Führen doppelter Datenbestände oder die Mehrfacheingabe gleicher Daten bzw. Informationen sichtbar und vermeide sie in Zukunft.

Schritt 3: Wandle interne Informationsbeschaffung in externe um und verbessere den Informationsfluss

Analysiere sorgfältig alle intern zugeordneten Vorgänge (zentrale Informationsbeschaffung) und prüfe, welche dieser Arbeiten zu externen (dezentrale Informationsbeschaffung) gewandelt werden können. Setze entsprechende Maßnahmen zur Verbesserung des Informationsflusses praxisgerecht um.

Schritt 4: Definiere die Arbeitspraxis neu

Es ist wichtig, die Arbeitspraxis im Dienstleistungsbereich umzudefinieren, nachdem eine signifikante Änderung in der Art und Weise der Informationsbeschaffung stattgefunden hat: Diese Arbeitspraktiken werden von den Führungskräften vor Ort auf den neuesten Stand gebracht und allen beteiligten Mitarbeiterinnen und Mitarbeitern zur Kenntnis gebracht.

11 Checklisten auf dem Weg zu reduzierten Rüstvorgängen in der Produktion und im Dienstleistungsbereich

11.1 Checkliste zur Rüstzeitreduzierung in der Produktion

	Nr.	Umgesetzte Anforderungen	Erfüllt?	Bemerkungen/ Empfehlungen
auf dem Weg zu reduzierten Rüstvorgängen	1	Definieren des Begriffes „Rüsten" in Abgrenzung zur Tätigkeit „Werkzeuge wechseln"		
	2	Erreichen des Verständnisses für kundenauftragsbezogene Fertigung bei 50 % aller Mitarbeiterinnen und Mitarbeiter in der operativen Ebene		
	3	Veranschaulichen bzw. Aufklären über die Verschwendungart „Überproduktion" mit den sich daraus ergebenden Konsequenzen zu Lager-, Umlaufbestandserhöhung, Materialverschwendung, Verschlechterung des Lieferservicegrades		
	4	Durchführen der Rüstvorgänge durch die Maschinen- und Anlagenbediener ohne Anforderung von Spezialisten		
	5	Starten einer Initiative „Rüstzeitreduzierung" im Unternehmen		
	6	Schulen der Mitarbeiterinnen und Mitarbeiter zum Thema „Rüstzeitreduzierung"		
	7	Unterscheiden zwischen internen und externen Rüstarbeiten: Erarbeiten von Verbesserungsideen zur Überführung interner Rüstvorgänge in externe		
	8	Durchführen eines Pilotprojektes zum Thema „Rüstzeitreduzierung" an einer ausgewählten Engpassmaschine innerhalb der Arbeit in einem Verbesserungsteam		
	9	Erarbeiten von standardisierten Vorgehensweisen zur Durchführung der Rüstarbeiten (mit der Dokumentation z.B. in Standardrüstplänen)		
	10	Erweitern der Initiative „Rüstzeitreduzierung" auf mindestens 3 Maschinen und Anlagen unterschiedlichen Typs und unter Ausnutzung der Erfahrungen aus dem Pilotprojekt		
	11	Einleiten von Maßnahmen zur Verringerung der Anzahl von Einstellvorrichtungen und Einstellhilfen unter aktiver Beteiligung der Maschinen- und Anlagenbediener		

	Nr.	Umgesetzte Anforderungen	Erfüllt?	Bemerkungen/ Empfehlungen
auf dem Weg zu reduzierten Rüstvorgängen	12	Reduzieren der Rüstzeiten bei den untersuchten Maschinen und Anlagen um 30 % gemessen am ermittelten Ausgangszustand		
	13	Präsentieren der Erfolge der Initiative „Rüstzeitreduzierung" mit jeweiliger Darstellung der Vereinfachungen in der Rüstarbeit sowie der erzielten Kosten- und Zeiteinsparungen		
	14	Minimieren der Rüstzeiten selbst bei der Einführung neuer Maschinen und Anlagen durch Anwendung der erarbeiteten Standards sowie durch Nutzung des Know-how der Maschinen- und Anlagenbediener		
	15	Reduzieren der Rüstzeiten bei den untersuchten Maschinen und Anlagen um 70 % bzw. Erreichen der Durchführung des Rüstvorgangs in weniger als 10 Minuten		
	16	Durchführen der Rüstarbeiten auch bei neuen Maschinen und Anlagen in weniger als 10 Minuten		
	17	Anwenden der Initiative „Rüstzeitreduzierung" auf alle relevanten Maschinen und Anlagen und für alle darauf produzierten Erzeugnisse		
	18	Erreichen der Durchführung des Rüstvorgangs in weniger als 10 Minuten bei allen relevanten Maschinen und Anlagen		
	19	Realisieren einer wirtschaftlichen Produktion mit kleinen Losgrößen bzw. mit Losgröße 1 bei allen relevanten Maschinen und Anlagen		
	20	Durchführen prozessbeherrschter Rüstarbeiten an den relevanten Maschinen und Anlagen in weniger als 10 Minuten bzw. innerhalb eines Produktionszyklusses auch durch neue Mitarbeiterinnen und Mitarbeiter		

11.2 Checkliste zur Rüstzeitreduzierung im Dienstleistungsbereich

	Nr.	Umgesetzte Anforderungen	Erfüllt?	Bemerkungen/ Empfehlungen
auf dem Weg zu reduzierten Rüstvorgängen	1	Definieren des Begriffes Rüstzeit im Dienstleistungsbereich unter Nutzung von Praxisbeispielen		
	2	Erreichen des Verständnisses bei größer 50 % aller Mitarbeiterinnen und Mitarbeiter bezogen auf die Organisation und Systematik der Daten- bzw. Informationsablage und -archivierung sowohl elektronisch als auch papierbezogen		
	3	Veranschaulichen bzw. Aufklären über die Verschwendungart „Überproduktion" von Datenmengen mit den sich daraus ergebenden Konsequenzen zu Bestandserhöhungen, zusätzlichen Daten- bzw. Informationszugriffen, nachträglichen Korrekturarbeiten, erhöhten Fehlerquoten, etc.		
	4	Schaffen von Möglichkeiten zur Durchführung von Datenauswertungen durch die Mitarbeiterinnen und Mitarbeiter am jeweils eigenen Arbeitsplatz		
	5	Starten einer Initiative „Rüstzeitreduzierung" im Dienstleistungsbereich		
	6	Schulen der Mitarbeiterinnen und Mitarbeiter zum Thema „Rüstzeitreduzierung" im Dienstleistungsbereich		
	7	Unterscheiden zwischen zentraler und dezentraler Informationsbeschaffung mit der Option, die zentrale in eine dezentrale Informationsbeschaffung zu überführen		
	8	Demonstrieren in ausgesuchten Pilotbereichen, dass jede vorhandene Information innerhalb einer Minute beschafft werden kann. Kenntlichmachung dieser Pilotanwendungsbereiche		
	9	Erreichen eines Verständnisses bei größer 80 % aller Mitarbeiterinnen und Mitarbeiter bezogen auf die Organisation und Systematik der Daten- bzw. Informationsablage und -archivierung sowohl elektronisch als auch papierbezogen		
	10	Erarbeiten, Anwenden und Dokumentieren standardisierter Vorgehensweisen für den Zugriff auf Daten, Informationen und Dokumente bezogen auf drei ausgesuchte Dienstleistungsprozesse		

	Nr.	Umgesetzte Anforderungen	Erfüllt?	Bemerkungen/ Empfehlungen
↓ auf dem Weg zu reduzierten Rüstvorgängen ↓	11	Einrichten von Verbesserungsgruppen, die sich mit der Organisation und Systematik der Daten- und Informationsbeschaffung beschäftigen und sich quantifizierte Ziele zur Senkung der Zugriffszeiten gesetzt haben		
	12	Präsentieren der Ergebnisse zur Rüstzeitreduzierung im Dienstleistungsbereich in regelmäßigen Abständen mit der Darlegung realisierter Verbesserungen und Kosteneinsparungen		
	13	Erweitern der Demonstration, dass jede vorhandene Information innerhalb einer Minute beschafft werden kann auf größer 50 % aller Arbeitsplätze im Dienstleistungsbereich		
	14	Organisieren der Ablage von Daten und Informationen für neue Erzeugnisse und Dienstleistungen so systemgerecht, dass der Zugriff für die betroffenen Nutzer innerhalb einer Minute gewährleistet ist		
	15	Erreichen eines Verständnisses bei größer 95 % aller Mitarbeiterinnen und Mitarbeiter bezogen auf die Organisation und Systematik der Daten- bzw. Informationsablage und -archivierung sowohl elektronisch als auch papierbezogen		
	16	Erarbeiten, Anwenden und Dokumentieren standardisierter Vorgehensweisen für den Zugriff auf Daten, Informationen und Dokumente bezogen auf 80 % aller auszuführenden Dienstleistungsprozesse		
	17	Standardisieren der Daten- und Informationsbeschaffung im eigenen Arbeitsbereich derart, dass auch Mitarbeiterinnen und Mitarbeiter aus einem anderen Arbeitsbereich Daten, Informationen und Dokumente eigenständig beschaffen können		
	18	Beschaffen jeder vorhandenen Information an 95 % aller Arbeitsplätze im Dienstleistungsbereich innerhalb einer Minute		
	19	Vereinfachen des Zugriffs auf Daten, Informationen und Dokumente im Dienstleistungsbereich so, dass auch neue Mitarbeiterinnen und Mitarbeiter innerhalb einer Minute die notwendigen Informationen und Unterlagen finden ohne Angst vor Fehlern haben zu müssen		
	20	Nachweisen einer Kosteneinsparung von größer 50 % innerhalb des Dienstleistungsbereiches infolge der konsequenten Durchführung von Maßnahmen zur Rüstzeitreduzierung an den Büroarbeitsplätzen		

Literaturverzeichnis:

/1/Shingo, Shigeo: A Revolution in Manufacturing:
The SMED System,
Productivity Press, 1995.

/2/Kobayashi, Iwao: 20 Keys to workplace improvement
Productivity Press, 1995.

/3/Suzaki, K.: Modernes Management im Produktionsbetrieb:
Strategien, Techniken, Fallbeispiele
München, Wien: Hanser, 1989.

/4/Wilhelm, B.: Lean Production als unternehmensweite
Gemeinschaftsaufgabe
in: VDI/AOB Jahrbuch 93/94, VDI
Gesellschaft Produktionstechnik, VDI, 1993.

/5/Al-Radhi, M.: Moderne Instandhaltung - TPM:
höhere Anlageneffektivität mit Total productive
maintenance. München; Wien: Hanser, 1997
(Pocket Power).

/6/SOFLEX-PMS: Production Management System:
Technologie für die Fertigungssteuerung,
Rottenburg, 2001.

Printed by Libri Plureos GmbH
in Hamburg, Germany